MARCHA CRIANÇA 2

NATUREZA E SOCIEDADE

CB142149

Maria Teresa Marsico

Professora graduada em Letras pela Universidade Federal do Rio de Janeiro (UFRJ) e em Pedagogia pela Sociedade Unificada de Ensino Superior Augusto Motta. Atuou por mais de trinta anos como professora de Educação Infantil e Ensino Fundamental das redes municipal e particular no município do Rio de Janeiro.

Armando Coelho de Carvalho Neto

Atua desde 1981 com alunos e professores das redes oficial e particular de ensino do Rio de Janeiro. Desenvolve pesquisas e estudos sobre metodologias e teorias modernas de aprendizado. É autor de obras didáticas para Ensino Fundamental e Educação Infantil desde 1993.

editora scipione

editora scipione

Diretoria de conteúdo e inovação pedagógica
Mário Ghio Júnior

Diretoria editorial
Lidiane Vivaldini Olo

Gerência editorial
Luiz Tonolli

Editoria de Anos Iniciais
Tatiany Telles Renó

Edição
Tatiany Telles Renó e
Nathalia de Oliveira Matsumoto

Arte
Ricardo de Gan Braga (superv.),
Andréa Dellamagna (coord. de criação),
Gláucia Correa Koller (progr. visual de capa e miolo),
Elen Coppini Camioto (editora de arte) e
Christine Getschko (assist. de arte)

Revisão
Hélia de Jesus Gonsaga (ger.),
Rosângela Muricy (coord.), Ana Curci (prep.),
Ana Carolina Nitto, Claudia Virgilio,
Gabriela Macedo de Andrade, Luís Maurício Boa Nova,
Vanessa de Paula Santos e Brenda Morais (estag.)

Iconografia
Sílvio Kligin (superv.), Tamires Reis Castillo (pesquisa),
César Wolf e Fernanda Crevin (tratamento de imagem)

Ilustrações
ArtefatoZ (capa), Juan Carlos Federico (aberturas) e
Ilustra Cartoon

Direitos desta edição cedidos à Editora Scipione S.A.
Avenida das Nações Unidas, 7221, 3º andar, Setor D
Pinheiros – São Paulo – SP – CEP 05425-902
Tel.: 4003-3061
www.scipione.com.br / atendimento@scipione.com.br

2023

ISBN 978 85 262 9610 7 (AL)
ISBN 978 85 262 9609 1 (PR)
Cód. da obra CL 738974
CAE 541 684 (AL) / 541 706 (PR)
5ª edição
10ª impressão

Impressão e acabamento
Gráfica Elyon

Dados Internacionais de Catalogação na Publicação (CIP)
(Câmara Brasileira do Livro, SP, Brasil)

Marsico, Maria Teresa
Marcha criança : natureza e sociedade : educação infantil / Maria Teresa Marsico, Armando Coelho de Carvalho Neto. – – 5. ed. – – São Paulo : Scipione, 2015. – – (Coleção marcha criança)

Obra em 3 v.

1. Cultura (Educação infantil) 2. Meio ambiente (Educação infantil) 3. Sociedade (Educação infantil) I. Carvalho Neto, Armando Coelho de. II. Título. III. Série.

15-02826 CDD-372.21

Índices para catálogo sistemático:

1. Cultura e sociedade : Educação infantil 372.21
2. Meio ambiente : Ciências : Educação infantil 372.21

PREPARAMOS ESTE LIVRO COM MUITO CARINHO ESPECIALMENTE PARA VOCÊ. ELE ESTÁ REPLETO DE SITUAÇÕES E ATIVIDADES MOTIVADORAS, QUE CERTAMENTE DESPERTARÃO SEU INTERESSE E LHE PROPORCIONARÃO MUITAS DESCOBERTAS. ESPERAMOS QUE COM ELE VOCÊ ENCONTRE SATISFAÇÃO NO CONSTANTE DESAFIO DE APRENDER!

OS AUTORES

Os textos sem referência são de autoria de Maria Teresa Marsico e Armando Coelho.

CONHEÇA SEU LIVRO

COM A COLEÇÃO **MARCHA CRIANÇA** VOCÊ APRENDE BRINCANDO!

RODA DE CONVERSA

EM CADA INÍCIO DE UNIDADE, VOCÊ SERÁ CONVIDADO A TROCAR EXPERIÊNCIAS, CONVERSANDO COM SEUS COLEGAS SOBRE ASSUNTOS VARIADOS.

O TEMA É...

ESTA SEÇÃO VAI FAZER VOCÊ REFLETIR E COMPREENDER MELHOR O MUNDO EM QUE VIVEMOS.

MATERIAL DE APOIO E ADESIVOS

NO FINAL DO LIVRO, VOCÊ ENCONTRARÁ MATERIAIS PARA REALIZAR ALGUMAS ATIVIDADES DE MANEIRA DIVERTIDA.

FAZENDO ARTE

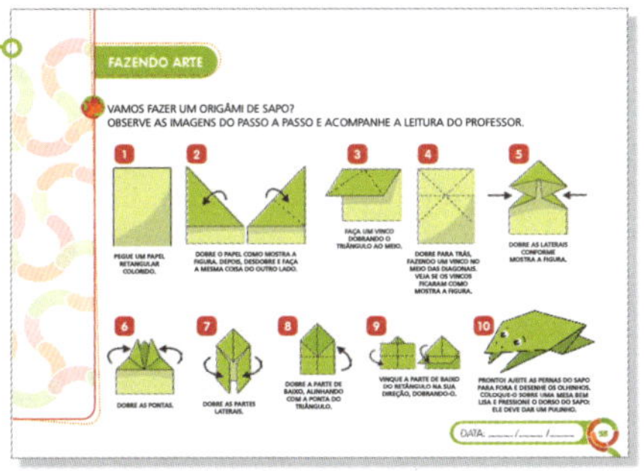

ESTA SEÇÃO TRAZ PROPOSTAS DE ATIVIDADES ARTÍSTICAS, ÓTIMAS PARA DESENVOLVER A CRIATIVIDADE.

HORA DA DESCOBERTA

ESTA SEÇÃO REVELA COMO FAZER EXPERIMENTOS INCRÍVEIS, QUE TORNARÃO SEU APRENDIZADO AINDA MAIS ESTIMULANTE.

HORA DE BRINCAR

NESTA SEÇÃO, VOCÊ VAI SE DIVERTIR COM JOGOS, BRINCADEIRAS E PASSATEMPOS MUITO INTERESSANTES!

SUGESTÕES PARA O ALUNO

NESTAS PÁGINAS, INDICAÇÕES DE LIVROS, CDs E DVDs PARA COMPLEMENTAR OS TEMAS ESTUDADOS.

ALMANAQUE DE DATAS COMEMORATIVAS

ESTE É UM MATERIAL À PARTE. COM ELE, VOCÊ VAI EXERCITAR O TRAÇADO DAS LETRAS.

ÍCONES

AO LONGO DO LIVRO VOCÊ VAI ENCONTRAR OS ÍCONES A SEGUIR, QUE DÃO DICAS SOBRE AS ATIVIDADES.

- ADESIVO
- EXPRESSÃO ORAL
- COLAGEM
- LEITURA
- CONFECÇÃO
- PERCEPÇÃO VISUAL
- DESENHO
- PINTURA
- EXPRESSÃO CORPORAL
- TRAÇADO

SUMÁRIO

Ilustrações: Juan Carlos Federico/Arquivo da editora

UNIDADE 1

CADA UM TEM O SEU JEITO

Juan Carlos Federico/Arquivo da editora

RODA DE CONVERSA

OUÇA COM ATENÇÃO O TEXTO QUE O PROFESSOR VAI LER.

CADA UM TEM O SEU NOME.
CADA UM TEM O SEU JEITO.
VOCÊ É MUITO ESPECIAL.
E TEM UM JEITO SEM IGUAL.

Ilustra Cartoon/Arquivo da editora

AGORA, QUE TAL SE APRESENTAR PARA O PROFESSOR E OS COLEGAS?

DATA: _____ /_____ /_____

COMO EU SOU

COM A AJUDA DO PROFESSOR, ESCREVA SEU NOME NA ETIQUETA.

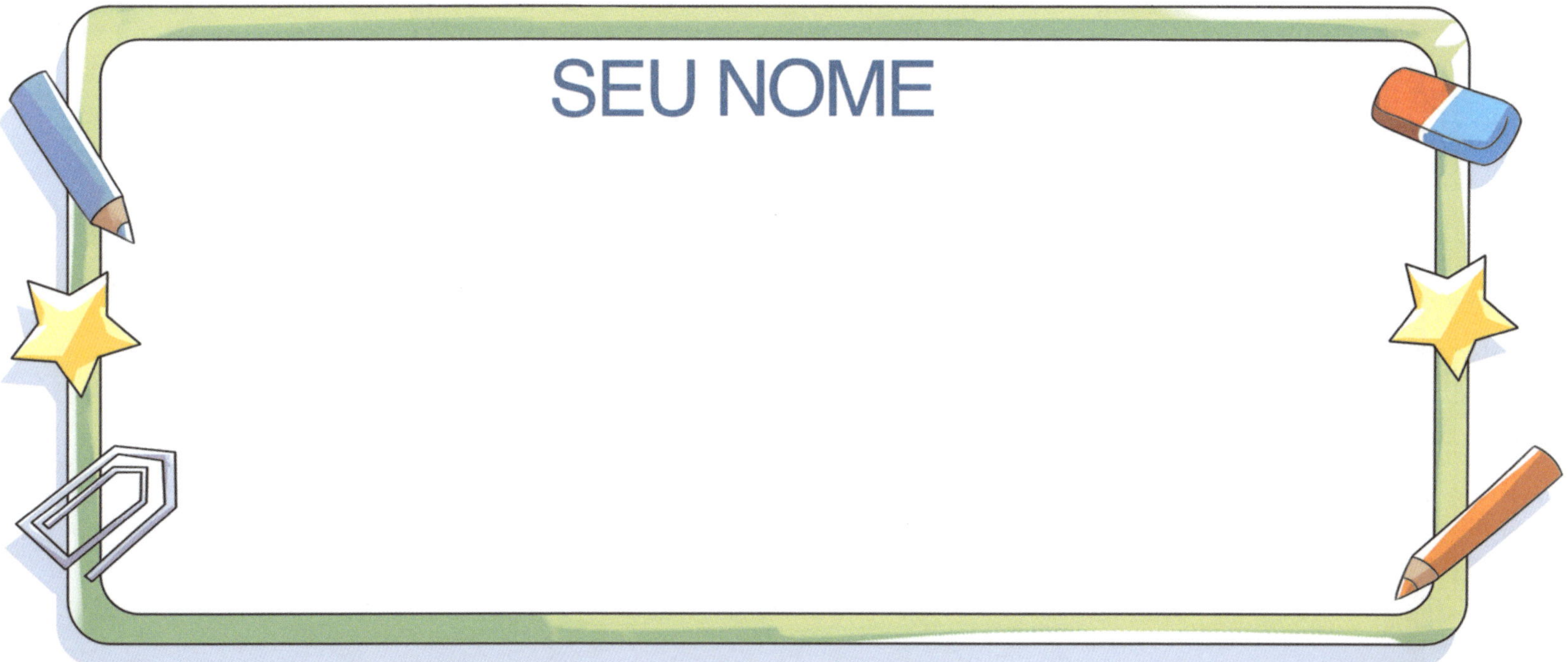

Ilustra Cartoon/Arquivo da editora

DATA: _____ /_____ /_____

FAÇA UM DESENHO MOSTRANDO COMO VOCÊ É.

DATA: ______ /______ /______

ACOMPANHE A LEITURA DO PROFESSOR.

ANA GANHOU DE PRESENTE A BONECA QUE TANTO DESEJAVA.
A MENINA ADORAVA A BONECA, MAS UM DIA ELA A DERRUBOU NO CHÃO E O BRACINHO DO BRINQUEDO ACABOU SE SOLTANDO. ANA FICOU MUITO TRISTE.
A MÃE DE ANA GUARDOU A BONECA E DISSE QUE NO FINAL DE SEMANA TENTARIA CONSERTÁ-LA. A MENINA FICOU TORCENDO PARA QUE TUDO ACABASSE DANDO CERTO!

Ilustra Cartoon/Arquivo da editora

DATA: _____ /_____ /_____

AGORA DESTAQUE OS ROSTOS QUE ESTÃO NA PÁGINA 3 DO **MATERIAL DE APOIO**.
COLE EM CADA QUADRO O ROSTO QUE REPRESENTA COMO ANA SE SENTIU QUANDO:

GANHOU A BONECA

DERRUBOU A BONECA NO CHÃO

DATA: ____ /____ /____

RECORTE OS ROSTOS ABAIXO E, EM UM PALITO DE PICOLÉ, COLE-OS UM DE COSTAS PARA O OUTRO.

MOSTRE PARA OS COLEGAS O ROSTO QUE INDICA COMO VOCÊ SE SENTE NESTE MOMENTO.

Ilustra Cartoon/Arquivo da editora

DATA: _____ /_____ /_____

DESENHE VOCÊ FAZENDO O PASSEIO DE QUE MAIS GOSTA.

DATA: ____ /____ /____

AGORA RECORTE DE REVISTAS OU JORNAIS IMAGENS DO SEU DESENHO ANIMADO PREDILETO E COLE-AS NO ESPAÇO ABAIXO.

DATA: _____ /_____ /_____

MARQUE COM UM X O QUE VOCÊ JÁ CONSEGUE FAZER SOZINHO E COM UM O O QUE VOCÊ AINDA PRECISA DE AJUDA PARA FAZER.

VEJAM SÓ QUE BONITINHO,
COMO EU SEI FAZER SOZINHO.
EU SEI TOMAR O MEU BANHO
E ESCOVAR OS MEUS DENTINHOS.

Ilustrações: Ilustra Cartoon/Arquivo da editora

DATA: ____ /____ /____

COLE UMA FOTO OU FAÇA UM DESENHO DE SUA FAMÍLIA NO ESPAÇO ABAIXO. DEPOIS MOSTRE A IMAGEM AOS COLEGAS E DIGA QUEM SÃO AS PESSOAS RETRATADAS.

DATA: ____ /____ /____

VEJA COMO ALGUMAS CRIANÇAS AJUDAM SEUS FAMILIARES.

Ilustrações: Ilustra Cartoon/Arquivo da editora

E VOCÊ, COMO COLABORA NAS TAREFAS DE CASA? CONTE PARA OS COLEGAS.

DATA: _____ /_____ /_____

DESENHE O QUE VOCÊ MAIS GOSTA DE FAZER COM SUA FAMÍLIA.

DATA: _____ /_____ /_____

CORPO HUMANO

O CORPO HUMANO É FORMADO POR CABEÇA, TRONCO E MEMBROS. LIGUE AS LEGENDAS ÀS PARTES DO CORPO.

CABEÇA

TRONCO

MEMBROS

oliveromg/Shutterstock/Glow Images

QUANTAS COISAS PODEMOS FAZER COM NOSSO CORPO!
QUAIS DESTAS BRINCADEIRAS VOCÊ CONHECE?

Ilustrações: Ilustra Cartoon/Arquivo da editora

DATA: _____ /_____ /_____

FAZENDO ARTE

PINTE TODAS AS PARTES DO CORPO DA BONECA.
DEPOIS RECORTE AS PARTES E MONTE A BONECA ARTICULADA SEGUINDO AS INSTRUÇÕES QUE O PROFESSOR VAI DAR.

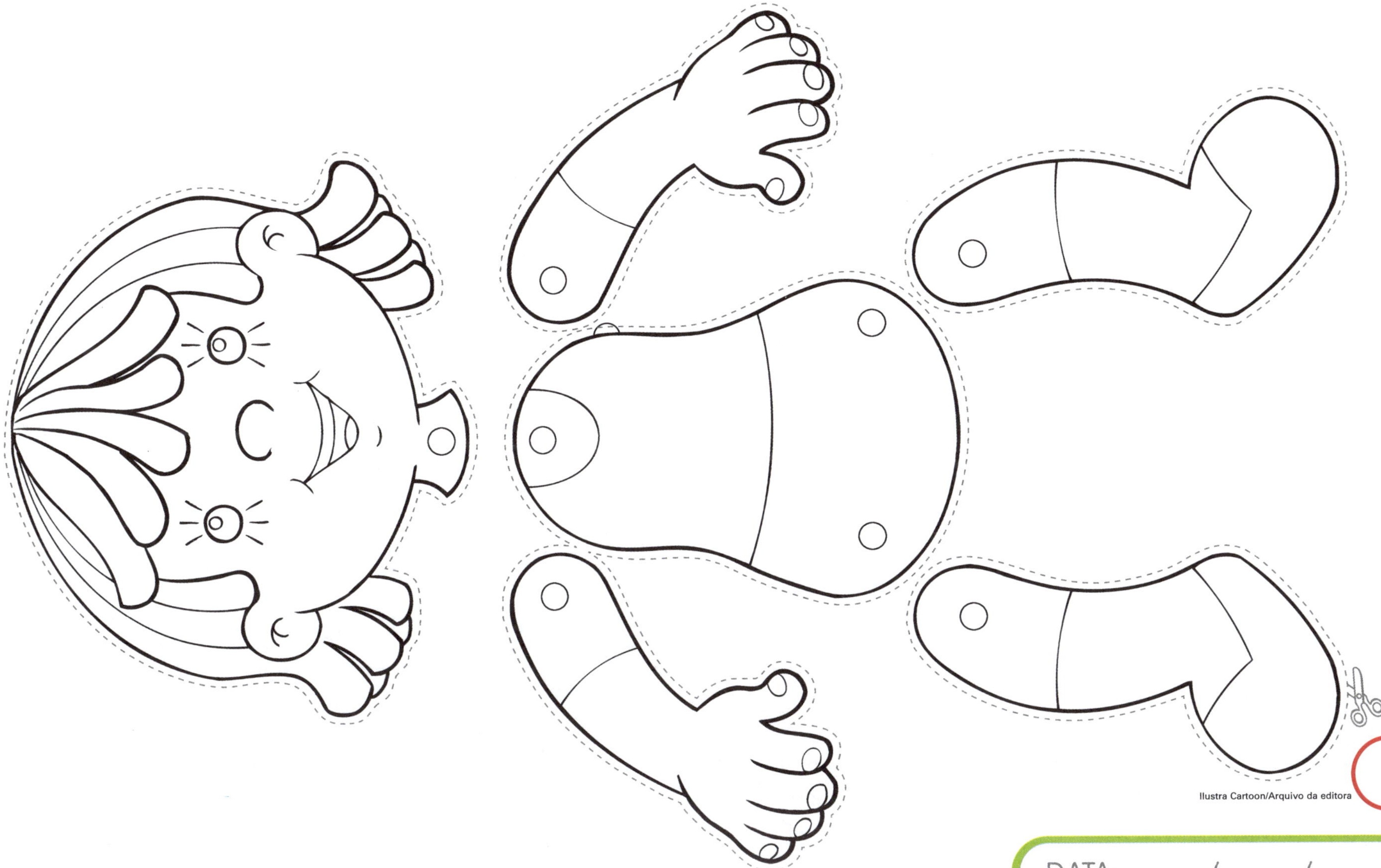

Ilustra Cartoon/Arquivo da editora

DATA: _____ /_____ /_____

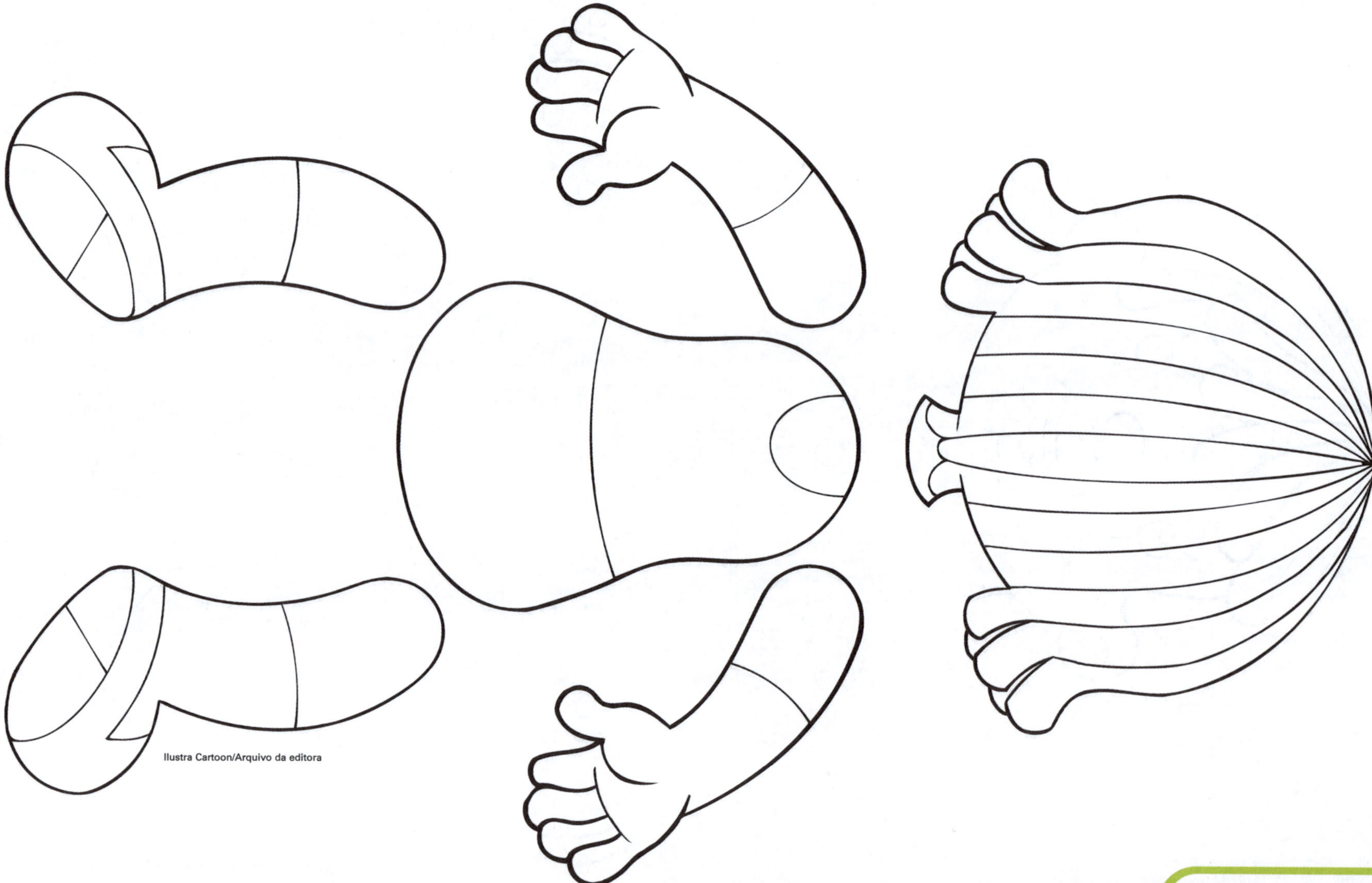

Ilustra Cartoon/Arquivo da editora

HORA DE BRINCAR

PARA DEIXAR NOSSO CORPO SAUDÁVEL, É MUITO IMPORTANTE MANTÊ-LO SEMPRE EM MOVIMENTO. ENTÃO VAMOS BRINCAR?

PRIMEIRO, FORME UMA RODA COM OS COLEGAS. DEPOIS, FIQUEM DE BRAÇOS DADOS E, POR ÚLTIMO, PULEM EM UM PÉ SÓ.

EM PÉ, COM OS PÉS JUNTOS, ABRA OS BRAÇOS E, DEPOIS, FECHE-OS, BATENDO PALMAS.

EM PÉ, COM AS PERNAS AFASTADAS E OS BRAÇOS ESTENDIDOS PARA A FRENTE, GIRE O TRONCO PARA A DIREITA E PARA A ESQUERDA.

EM PÉ, PULE, ORA LEVANTANDO OS BRAÇOS E ABRINDO AS PERNAS, ORA ABAIXANDO OS BRAÇOS E FECHANDO AS PERNAS.

Ilustrações: Ilustra Cartoon/Arquivo da editora

DATA: ____ /____ /____

HÁBITOS DE HIGIENE

O QUE VOCÊ FAZ PARA MANTER SEU CORPO LIMPO E SAUDÁVEL?
CIRCULE OS OBJETOS QUE UTILIZAMOS PARA A HIGIENE BUCAL.

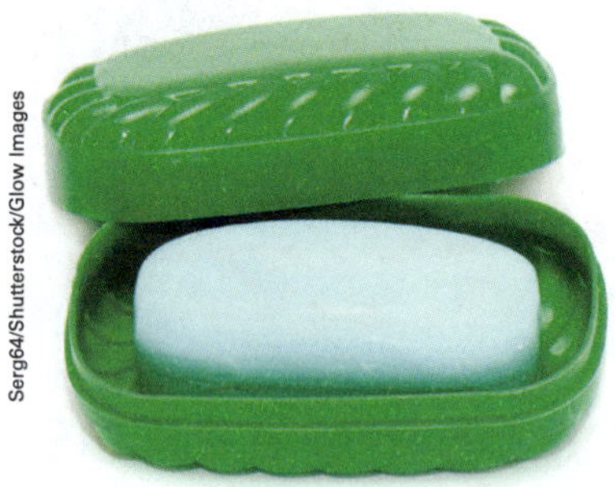
Serg64/Shutterstock/Glow Images

LIU, CHIN-CHENG/Shutterstock/Glow Images

Vsevolodizotov/Shutterstock/Glow Images

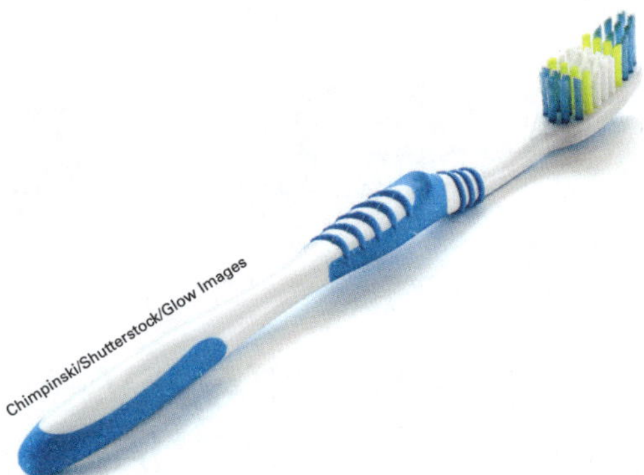
Chimpinski/Shutterstock/Glow Images

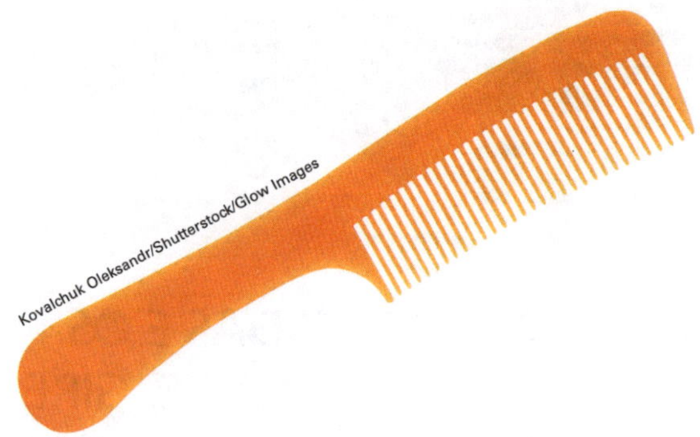
Kovalchuk Oleksandr/Shutterstock/Glow Images

vseb/Shutterstock/Glow Images

DATA: _____ /_____ /_____

ENQUANTO CARLOS TOMA BANHO, ELE CANTA ASSIM:

UM BANHO BEM GOSTOSO
AGORA VOU TOMAR.
EU APRENDI DIREITINHO
A DO MEU CORPO CUIDAR.

Ilustrações: Ilustra Cartoon/Arquivo da editora

PINTE A CARINHA QUE MOSTRA COMO VOCÊ SE SENTE NA HORA DO BANHO.

DATA: _____ /_____ /_____

O QUE CADA CRIANÇA DEVE FAZER PARA SE MANTER SAUDÁVEL? MARQUE COM UM **X**.

ANTES...

DEPOIS...

Ilustrações: Ilustra Cartoon/Arquivo da editora

DATA: _____ /_____ /_____

HÁBITOS SAUDÁVEIS!

OBSERVE ALGUNS EXEMPLOS DE HÁBITOS QUE NOS AJUDAM A TER UMA VIDA SAUDÁVEL!

LAVAR AS MÃOS ANTES DAS REFEIÇÕES.

MANTER AS UNHAS LIMPAS E CORTADAS.

FAZER EXERCÍCIOS FÍSICOS REGULARMENTE.

COMER ALIMENTOS SAUDÁVEIS.

BEBER BASTANTE ÁGUA.

DORMIR O SUFICIENTE TODA NOITE.

Ilustrações: Ilustra Cartoon/Arquivo da editora

DATA: _____ /_____ /_____

A MÃE DE BRUNA ACABA DE TRAZER FRUTAS DO MERCADO. PINTE O DESENHO EM QUE A MENINA ESTÁ TENDO UMA ATITUDE SAUDÁVEL.

Ilustrações: Ilustra Cartoon/Arquivo da editora

CINCO SENTIDOS

OBSERVE ESTA OBRA DE ARTE.
QUAL DOS ELEMENTOS ABAIXO NÃO FAZ PARTE DELA?

MAMOEIRO, DE TARSILA DO AMARAL, 1925.

PINTE O QUADRO COM AS PALAVRAS QUE COMPLETAM A FRASE A SEGUIR.

ENXERGAMOS AS COISAS POR MEIO...

DOS OLHOS.	DAS ORELHAS.	DA PELE.	DA LÍNGUA.	DO NARIZ.

DATA: _____ /_____ /_____

PENSE EM TUDO QUE VOCÊ VÊ DURANTE O DIA.
AGORA DESENHE.

O QUE VOCÊ VÊ QUE O DEIXA TRISTE

O QUE VOCÊ VÊ QUE O DEIXA CONTENTE

PINTE O QUADRO COM AS PALAVRAS QUE COMPLETAM A FRASE A SEGUIR.

OS OLHOS SÃO OS ÓRGÃOS...

DA VISÃO.	DA AUDIÇÃO.	DO TATO.	DA GUSTAÇÃO.	DO OLFATO.

DATA: _____ /_____ /_____

QUE SONS VOCÊ GOSTA DE OUVIR? MARQUE COM UM **X**.

Ilustrações: Ilustra Cartoon/Arquivo da editora

PINTE O QUADRO COM AS PALAVRAS QUE COMPLETAM A FRASE A SEGUIR.

OUVIMOS OS SONS POR MEIO…

DOS OLHOS.	DAS ORELHAS.	DA PELE.	DA LÍNGUA.	DO NARIZ.

DATA: _____ /_____ /_____

QUAL É O PRIMEIRO SOM QUE VOCÊ ESCUTA AO ACORDAR?
DESENHE PARA MOSTRAR DE ONDE VEM ESSE SOM.

PINTE O QUADRO COM AS PALAVRAS QUE COMPLETAM A FRASE A SEGUIR.

A ORELHA É O ÓRGÃO…

DA VISÃO.	DA AUDIÇÃO.	DO TATO.	DA GUSTAÇÃO.	DO OLFATO.

DATA: _____ /_____ /_____

OBSERVE AS FIGURAS ABAIXO. VOCÊ JÁ SENTIU O CHEIRO QUE ESTAS COISAS TÊM? PINTE O QUE VOCÊ ACHA QUE TEM CHEIRO BOM.

Ilustrações: Ilustra Cartoon/Arquivo da editora

PINTE O QUADRO COM AS PALAVRAS QUE COMPLETAM A FRASE A SEGUIR.

SENTIMOS O CHEIRO DAS COISAS POR MEIO...

DOS OLHOS.	DAS ORELHAS.	DA PELE.	DA LÍNGUA.	DO NARIZ.

DATA: _____ /_____ /_____

FLÁVIO QUER QUE BIANCA DESCUBRA QUAL ALIMENTO ESTÁ NA FRENTE DELA, SEM QUE ELA VEJA OU PEGUE O ALIMENTO.
CIRCULE A PARTE DO CORPO QUE BIANCA VAI USAR PARA DESCOBRIR QUE ALIMENTO ESTÁ À SUA FRENTE.

Ilustra Cartoon/Arquivo da editora

PINTE O QUADRO COM AS PALAVRAS QUE COMPLETAM A FRASE A SEGUIR.

O NARIZ É O ÓRGÃO...

DA VISÃO.	DA AUDIÇÃO.	DO TATO.	DA GUSTAÇÃO.	DO OLFATO.

DESENHE ALIMENTOS COM OS SABORES A SEGUIR.

DOCE	SALGADO

AZEDO	AMARGO

PINTE O QUADRO COM AS PALAVRAS QUE COMPLETAM A FRASE A SEGUIR.

SENTIMOS O SABOR DOS ALIMENTOS POR MEIO...

DOS OLHOS.	DAS ORELHAS.	DA PELE.	DA LÍNGUA.	DO NARIZ.

DATA: _____ /_____ /_____

VEJA OS ALIMENTOS ABAIXO. QUAIS DELES VOCÊ ACHA SABOROSOS? MARQUE COM UM **X**.

cristi180884/Shutterstock/Glow Images

Seregam/Shutterstock/Glow Images

Pete Saloutos/Shutterstock/Glow Images

de2marco/Shutterstock/Glow Images

Lisovskaya Natalia/Shutterstock/Glow Images

bonchan/Shutterstock/Glow Images

PINTE O QUADRO COM AS PALAVRAS QUE COMPLETAM A FRASE A SEGUIR.

A LÍNGUA É O ÓRGÃO...

DA VISÃO.	DA AUDIÇÃO.	DO TATO.	DA GUSTAÇÃO.	DO OLFATO.

DATA: _____ /_____ /_____

POR MEIO DO TOQUE, PERCEBEMOS SE UM OBJETO É DURO OU MOLE, QUENTE OU FRIO, MACIO, ÁSPERO OU LISO.
PINTE DE ACORDO COM A LEGENDA.

MACIO FRIO ÁSPERO QUENTE

biothailand/Shutterstock/Glow Images

ALGODÃO

Sarah2/Shutterstock/Glow Images

LIXA

ra2studio/Shutterstock/Glow Images

CHÁ

DUSAN ZIDAR/Shutterstock/Glow Images

SORVETE

ra2studio/Shutterstock/Glow Images

SOPA

Anki Hoglund/Shutterstock/Glow Images

BICHO DE PELÚCIA

PINTE O QUADRO COM AS PALAVRAS QUE COMPLETAM A FRASE A SEGUIR.

SENTIMOS A TEXTURA E A TEMPERATURA DAS COISAS POR MEIO...

DOS OLHOS.	DAS ORELHAS.	DA PELE.	DA LÍNGUA.	DO NARIZ.

DATA: _____ /_____ /_____

PINTE A FIGURA QUE INDICA A SENSAÇÃO DE FRIO.

Ilustrações: Ilustra Cartoon/Arquivo da editora

PINTE O QUADRO COM AS PALAVRAS QUE COMPLETAM A FRASE A SEGUIR.

A PELE É O ÓRGÃO...

DA VISÃO.	DA AUDIÇÃO.	DO TATO.	DA GUSTAÇÃO.	DO OLFATO.

DATA: _____ /_____ /_____

HORA DA DESCOBERTA

COLA ECOLÓGICA

ACABOU A COLA? QUE TAL FAZER UMA COLA ECOLÓGICA?

Ilustra Cartoon/Arquivo da editora

DATA: _____ /_____ /_____

SIGA AS INSTRUÇÕES ABAIXO.

COLA ECOLÓGICA

MATERIAL NECESSÁRIO:

- FARINHA DE TRIGO
- ÁGUA

Sergio Dotta Jr./Arquivo da editora

COLOQUE UM POUCO DE FARINHA DE TRIGO EM UMA VASILHA.

Sergio Dotta Jr./Arquivo da editora

DESPEJE A MESMA QUANTIDADE DE ÁGUA.

Sergio Dotta Jr./Arquivo da editora

MEXA TUDO ATÉ FORMAR UMA MISTURA SUAVE.

Ianych/Shutterstock/Glow Images

PRONTO! AGORA É SÓ USAR PARA COLAR RECORTES, FOTOGRAFIAS, FIGURINHAS, PAPÉIS...

DATA: _____ /_____ /_____

UNIDADE 2

COMO É BELA A NATUREZA!

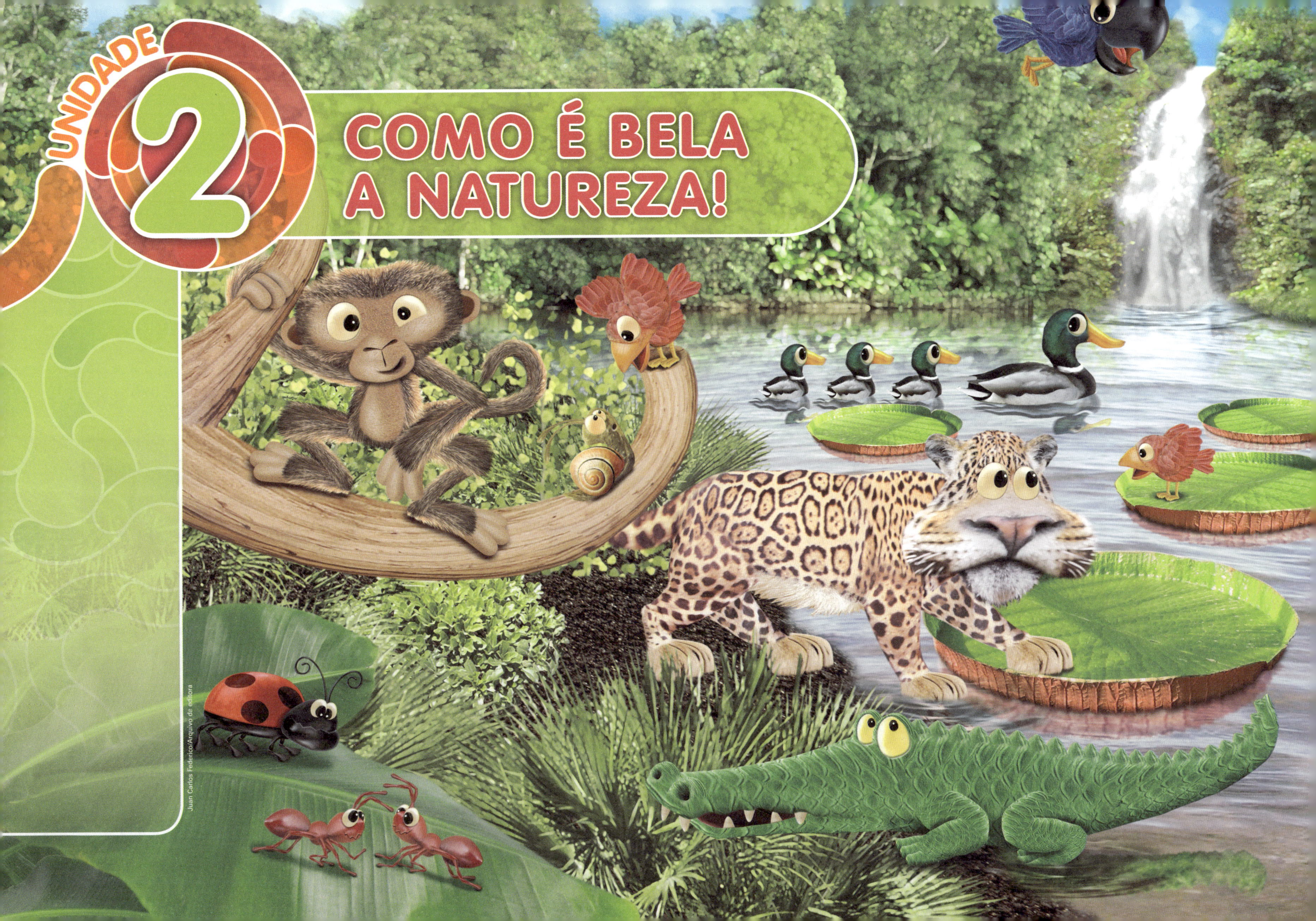

Juan Carlos Federico/Arquivo da editora

RODA DE CONVERSA

VEJA SÓ COMO É BELA A NATUREZA!

NATUREZA É A ÁGUA,
NATUREZA É O AR,
NATUREZA É TUDO,
NATUREZA É O MUNDO.

Brykaylo Yuriy/Shutterstock/Glow Images

QUE CUIDADOS DEVEMOS TER PARA PRESERVAR O MEIO AMBIENTE? CONVERSE COM O PROFESSOR E OS COLEGAS.

DATA: _____ /_____ /_____

SERES VIVOS E ELEMENTOS NÃO VIVOS

OS SERES HUMANOS, OS OUTROS ANIMAIS E AS PLANTAS SÃO SERES VIVOS, POIS NASCEM, SE ALIMENTAM, SE DESENVOLVEM, PODEM SE REPRODUZIR E MORREM.

NUMERE AS CENAS CONFORME O DESENVOLVIMENTO DE CADA SER VIVO.

Ilustrações: Ilustra Cartoon/Arquivo da editora

NA FIGURA ABAIXO ESTÃO REPRESENTADOS SERES VIVOS E ELEMENTOS NÃO VIVOS. PINTE SOMENTE OS SERES VIVOS.

Ilustra Cartoon/Arquivo da editora

DATA: ____ /____ /____

ANIMAIS

ACOMPANHE A LEITURA DO PROFESSOR.

ERA UMA VEZ UM MUNDINHO...
... ONDE VIVIAM MUITOS ANIMAIS DE VÁRIOS TAMANHOS, TIPOS E CORES.
OS ANIMAIS ENCONTRAVAM-SE POR TODO O MUNDINHO: EM SUAS ÁGUAS, OCEANOS, LAGOS E RIOS E EM SUAS TERRAS, FLORESTAS, CAMPOS E CIDADES.
NAS TERRAS DO MUNDINHO VIVIAM ANIMAIS COM QUATRO PATAS, QUE TINHAM O CORPO COBERTO DE PELOS.

OS ANIMAIS DO MUNDINHO, DE INGRID BIESEMEYER BELLINGHAUSEN. SÃO PAULO: DCL, 2007.

Ilustra Cartoon/ Arquivo da editora

EM REVISTAS, PESQUISE E RECORTE ALGUMAS FIGURAS DOS SEUS ANIMAIS PREFERIDOS. DEPOIS, COLE-AS NO ESPAÇO ABAIXO.

MARQUE COM UM **X** OS ANIMAIS DOMESTICADOS.

Amy Kerkemeyer/Shutterstock/Glow Images

Dmitry Kalinovsky/Shutterstock/Glow Images

AnetaPics/Shutterstock/Glow Images

EcoPrint/Shutterstock/Glow Images

Andrew M. Allport/Shutterstock/Glow Images

Schubbel/Shutterstock/Glow Images

DATA: _____ /_____ /_____

VEJA NA CENA ABAIXO AS SOMBRAS DE ALGUNS ANIMAIS QUE VIVEM NAS FLORESTAS BRASILEIRAS. PARA DESCOBRIR QUAIS SÃO ESSES ANIMAIS, DESTAQUE OS ADESIVOS DO FINAL DO LIVRO E COLE-OS NOS ESPAÇOS ADEQUADOS.

Ilustra Cartoon/Arquivo da editora

DATA: _____ /_____ /_____

COMO É A COBERTURA DO CORPO DESTES ANIMAIS? PINTE CONFORME A LEGENDA.

- (azul) CORPO COBERTO DE PELOS.
- (amarelo) CORPO COBERTO DE PENAS.
- (vermelho) CORPO COBERTO DE ESCAMAS.
- (verde) CORPO COBERTO DE PLACAS DURAS.

Fabio Colombini/Acervo do fotógrafo

ARARA-AZUL ☐

Filipe Frazao/Shutterstock/Glow Images

TAMANDUÁ-BANDEIRA ☐

worldswildlifewonders/Shutterstock/Glow Images

TARTARUGA-VERDE ☐

Fabio Colombini/Acervo do fotógrafo

TUCUNARÉ ☐

QUAIS SÃO OS ANIMAIS DESTA PÁGINA? OBSERVE AS IMAGENS E TENTE DESCOBRIR. DEPOIS DESTAQUE AS FOTOS DA PÁGINA 3 DO **MATERIAL DE APOIO** E COLE-AS NOS ESPAÇOS ADEQUADOS.

Fabio Colombini/Acervo do fotógrafo

PELOS

Fabio Colombini/Acervo do fotógrafo

ESCAMAS

Alina G/Shutterstock/Glow Images

PENAS

Fabio Colombini/Acervo do fotógrafo

PLACAS DURAS

DATA: _____ /_____ /_____

EXISTEM TANTOS ANIMAIS NO MUNDO... E TÃO DIFERENTES! DESENHE:

UM ANIMAL QUE TENHA DUAS PATAS.

UM ANIMAL QUE TENHA QUATRO PATAS.

UM ANIMAL QUE NÃO TENHA PATAS.

DATA: _____ /_____ /_____

DESTAQUE AS FOTOS DA PÁGINA 5 DO **MATERIAL DE APOIO** E COLE-AS NOS RESPECTIVOS QUADROS.

ANIMAIS QUE VOAM

ANIMAIS QUE RASTEJAM

ANIMAIS QUE ANDAM

ANIMAIS QUE NADAM

DATA: _____ /_____ /_____

PINTE OS ANIMAIS QUE VIVEM NA ÁGUA E FAÇA UM **X** NOS ANIMAIS QUE VIVEM NA TERRA.

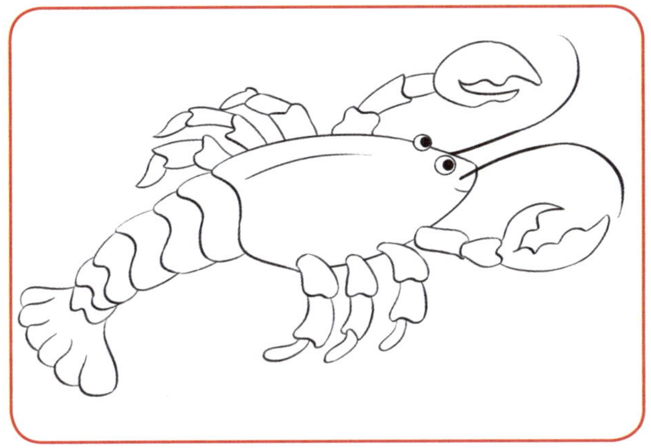

Ilustrações: Ilustra Cartoon/Arquivo da editora

HÁ ANIMAIS, COMO O SAPO, QUE VIVEM NA ÁGUA E NA TERRA.
DESTAQUE AS PEÇAS DA PÁGINA 7 DO **MATERIAL DE APOIO** E MONTE O QUEBRA-CABEÇA DE UM SAPO.

DATA: _____ /_____ /_____

FAZENDO ARTE

VAMOS FAZER UM ORIGÂMI DE SAPO?
OBSERVE AS IMAGENS DO PASSO A PASSO E ACOMPANHE A LEITURA DO PROFESSOR.

1

PEGUE UM PAPEL RETANGULAR COLORIDO.

2

DOBRE O PAPEL COMO MOSTRA A FIGURA. DEPOIS, DESDOBRE E FAÇA A MESMA COISA DO OUTRO LADO.

3

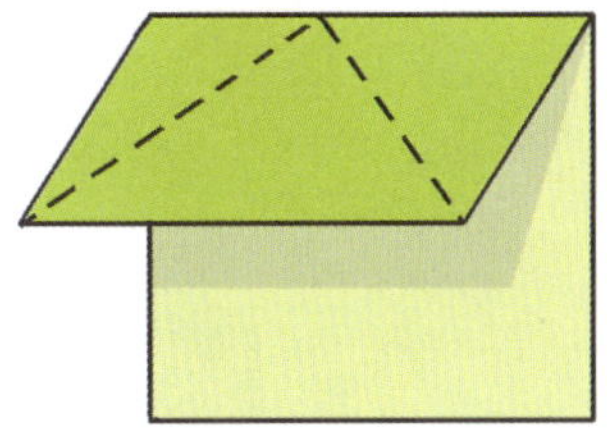

FAÇA UM VINCO DOBRANDO O TRIÂNGULO AO MEIO.

4

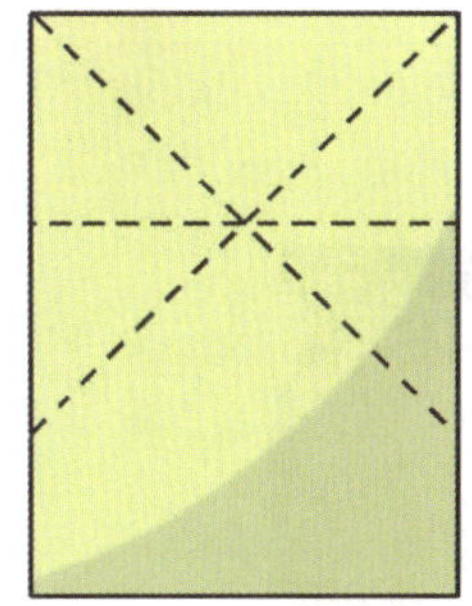

DOBRE PARA TRÁS, FAZENDO UM VINCO NO MEIO DAS DIAGONAIS. VEJA SE OS VINCOS FICARAM COMO MOSTRA A FIGURA.

5

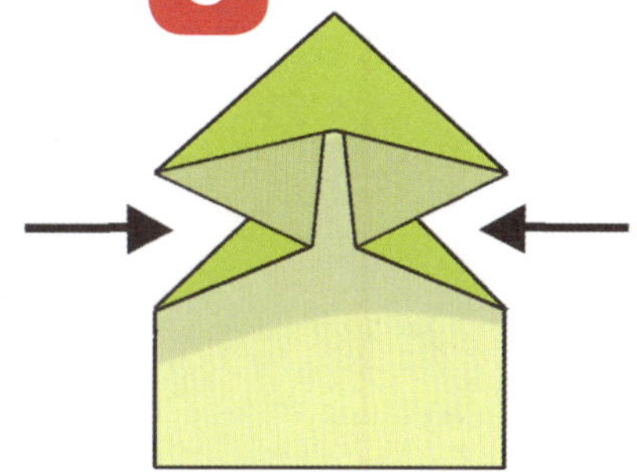

DOBRE AS LATERAIS CONFORME MOSTRA A FIGURA.

6

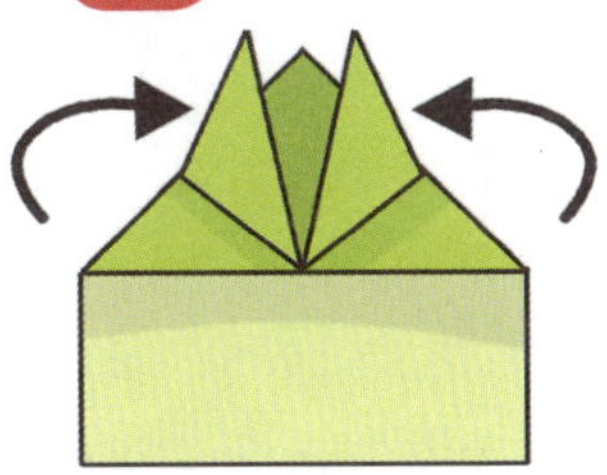

DOBRE AS PONTAS.

7

DOBRE AS PARTES LATERAIS.

8

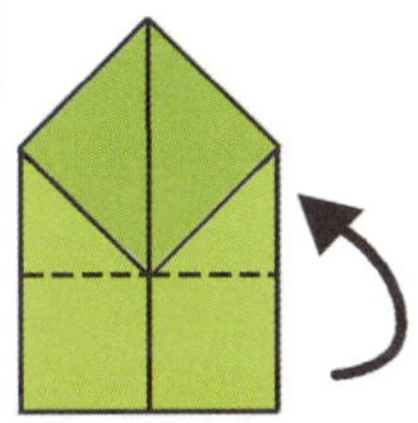

DOBRE A PARTE DE BAIXO, ALINHANDO COM A PONTA DO TRIÂNGULO.

9

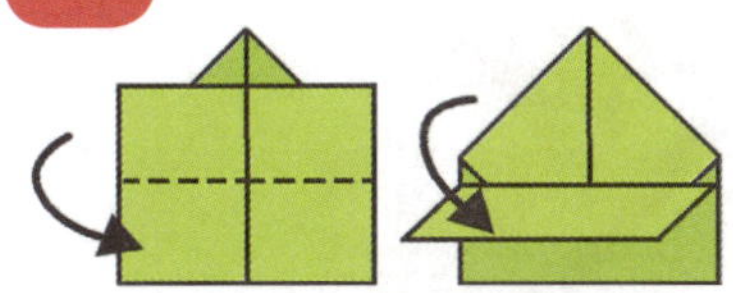

VINQUE A PARTE DE BAIXO DO RETÂNGULO NA SUA DIREÇÃO, DOBRANDO-O.

10

PRONTO! AJEITE AS PERNAS DO SAPO PARA FORA E DESENHE OS OLHINHOS. COLOQUE-O SOBRE UMA MESA BEM LISA E PRESSIONE O DORSO DO SAPO: ELE DEVE DAR UM PULINHO.

VOCÊ SABE DE ONDE VÊM OS ALIMENTOS QUE VOCÊ COME E BEBE? CIRCULE OS ALIMENTOS DE ORIGEM ANIMAL.

EU TENHO UMA VACA LEITEIRA
QUE DÁ LEITE DE TODA MANEIRA.
A MINHA VAQUINHA MALHADA
DÁ QUEIJO, MANTEIGA E COALHADA.

QUADRINHA POPULAR

Kirill Smirnov/Shutterstock/Glow Images

Julio Embun/Shutterstock/Glow Images

kiboka/Shutterstock/Glow Images

mirrormere/Shutterstock/Glow Images

Tatiana Popova/Shutterstock/Glow Images

Denis Dryashkin/Shutterstock/Glow Images

O TEMA É...

DIREITO DOS ANIMAIS!

TODO ANIMAL TEM DIREITO A ATENÇÃO, CUIDADOS E PROTEÇÃO DAS PESSOAS!
MARQUE UM **X** NAS CENAS QUE MOSTRAM OS DIREITOS DOS ANIMAIS SENDO RESPEITADOS.

Ilustrações: Ilustra Cartoon/Arquivo da editora

DATA: _____ /_____ /_____

CIRCULE AS ATITUDES QUE ESTÃO CORRETAS PARA CUIDAR DE UM ANIMAL.

Ilustrações: Ilustra Cartoon/Arquivo da editora

DATA: _____ /_____ /_____

MARCHA CRIANÇA

EDUCAÇÃO INFANTIL

2

ALMANAQUE DE DATAS COMEMORATIVAS

NATUREZA E SOCIEDADE

OS TEXTOS SEM REFERÊNCIA SÃO DE AUTORIA DE MARIA TERESA MARSICO E ARMANDO COELHO.

editora scipione

editora scipione

Diretoria de conteúdo e inovação pedagógica
Mário Ghio Júnior
Diretoria editorial
Lidiane Vivaldini Olo
Gerência editorial
Luiz Tonolli
Editoria de Anos Iniciais
Tatiany Telles Renó
Edição
Tatiany Telles Renó e
Nathalia de Oliveira Matsumoto
Arte
Ricardo de Gan Braga (superv.),
Andréa Dellamagna (coord. de criação),
Gláucia Correa Koller (progr. visual de capa e miolo),
Elen Coppini Camioto (editora de arte) e
Christine Getschko (assist. de arte)
Revisão
Hélia de Jesus Gonsaga (ger.),
Rosângela Muricy (coord.),
Luís Maurício Boa Nova e Brenda Morais (estag.)
Iconografia
Sílvio Kligin (superv.), Karina Tengan (pesquisa),
César Wolf e Fernanda Crevin (tratamento de imagem)
Ilustrações
Ilustra Cartoon
Foto de capa
Jane0606/Shutterstock/Glow Images

Direitos desta edição cedidos à Editora Scipione S.A.
Avenida das Nações Unidas, 7221, 3º andar, Setor D
Pinheiros – São Paulo – SP – CEP 05425-902
Tel.: 4003-3061
www.scipione.com.br / atendimento@scipione.com.br

2023

ISBN 978 85 262 9610 7 (AL)
ISBN 978 85 262 9609 1 (PR)
Cód. da obra CL 738974
CAE 541 684 (AL) / 541 706 (PR)
5ª edição
10ª impressão
Impressão e acabamento
Gráfica Elyon

Dados Internacionais de Catalogação na Publicação (CIP)
(Câmara Brasileira do Livro, SP, Brasil)

Marsico, Maria Teresa
Marcha criança : natureza e sociedade : educação infantil / Maria Teresa Marsico, Armando Coelho de Carvalho Neto . – – 5. ed. – – São Paulo : Scipione, 2015. – – (Coleção marcha criança)

Obra em 3 v.

1. Cultura (Educação infantil) 2. Meio ambiente (Educação infantil) 3. Sociedade (Educação infantil) I. Carvalho Neto, Armando Coelho de. II. Título. III. Série.

15-02826 CDD-372.21

Índices para catálogo sistemático:

1. Cultura e sociedade : Educação infantil 372.21
1. Meio ambiente : Ciências : Educação infantil 372.21

SUMÁRIO

NOSSO ANIVERSÁRIO É UMA DATA MUITO IMPORTANTE!
COM A AJUDA DO PROFESSOR, PINTE O MÊS DE SEU ANIVERSÁRIO E ESCREVA O DIA NO QUADRINHO.

Ilustrações: Ilustra Cartoon/Arquivo da editora

DATA: ____ /____ /____

CARNAVAL

VAMOS BRINCAR DE CARNAVAL? RECORTE AS FANTASIAS DA PÁGINA SEGUINTE E VISTA AS CRIANÇAS!

Ilustrações: Ilustra Cartoon/Arquivo da editora

DATA: _____ /_____ /_____

RECORTE AS PEÇAS ABAIXO E VISTA AS CRIANÇAS DA PÁGINA ANTERIOR.

Ilustrações: Ilustra Cartoon/Arquivo da editora

DATA: _____ /_____ /_____

A PÁSCOA É UMA FESTA CRISTÃ.
O COELHO E O OVO SÃO ALGUNS DOS SÍMBOLOS DA PÁSCOA.
O QUE VOCÊ ACHA QUE OS COELHINHOS ESTÃO FAZENDO? PINTE A CENA E CONTE A HISTÓRIA PARA UM COLEGA.

Ilustra Cartoon/Arquivo da editora

DATA: ____ /____ /____

DIA NACIONAL DO LIVRO INFANTIL

O DIA NACIONAL DO LIVRO INFANTIL, COMEMORADO EM 18 DE ABRIL, É UMA HOMENAGEM A MONTEIRO LOBATO, ESCRITOR BRASILEIRO QUE NASCEU NESSA DATA. PINTE A CAPA DOS LIVROS ABAIXO. QUAL DELES VOCÊ GOSTARIA DE LER?

Ilustrações: Ilustra Cartoon/Arquivo da editora

DATA: ____ /____ /____

DIA DO ÍNDIO

NO DIA 19 DE ABRIL COMEMORA-SE O DIA DO ÍNDIO. VAMOS COMEMORAR ESSA DATA COMO UM INDÍGENA?
PARA ISSO, PINTE E MONTE O COCAR ABAIXO.

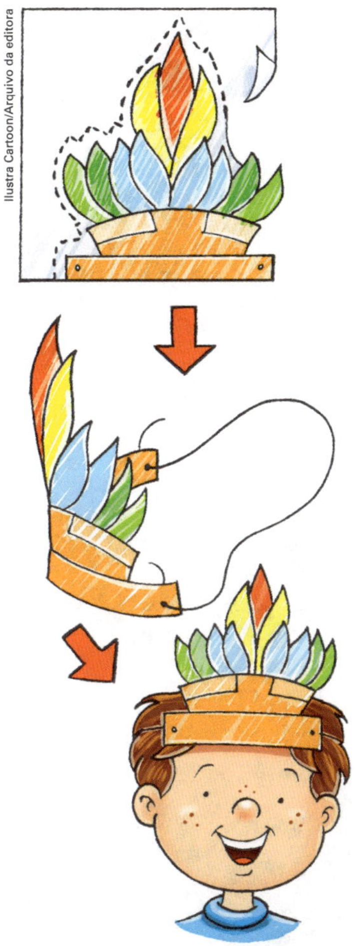

Ilustra Cartoon/Arquivo da editora

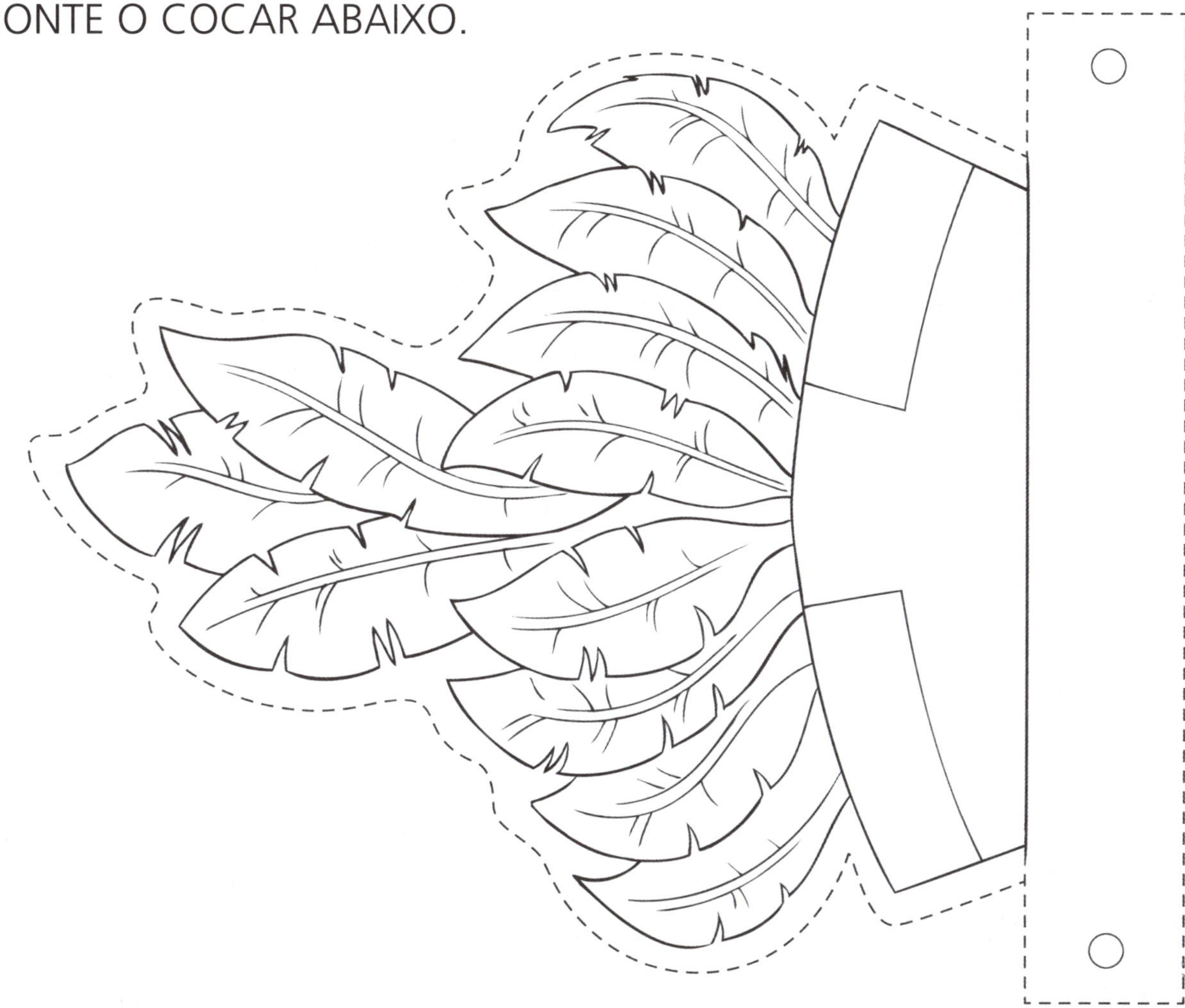

DATA: ____ /____ /____

CHEGADA DOS PORTUGUESES AO BRASIL

HÁ MUITOS ANOS, O PORTUGUÊS PEDRO ÁLVARES CABRAL AVISTOU DO MAR AS TERRAS QUE HOJE FORMAM O BRASIL.
AS CARAVELAS CHEGARAM NO DIA 22 DE ABRIL DE 1500.
PINTE A CENA QUE ILUSTRA ESSE EPISÓDIO DA NOSSA HISTÓRIA.

Ilustra Cartoon/Arquivo da editora

DATA: ____ /____ /____

DIA DO TRABALHO

NO DIA 1º DE MAIO COMEMORA-SE O DIA DO TRABALHO. COM A AJUDA DO PROFESSOR, ESCREVA UMA FRASE PARA HOMENAGEAR UM DOS TRABALHADORES ABAIXO.

Monkey Business Images/Shutterstock/Glow Images

ENFERMEIRO

AYakovlev/Shutterstock/Glow Images

BAILARINO

wavebreakmedia/Shutterstock/Glow Images

COZINHEIRA

napat uthaichai/Shutterstock/Glow Images

TRABALHADOR RURAL

Iakov Filimonov/Shutterstock/Glow Images

COMERCIANTE

iko/Shutterstock/Glow Images

ARTESÃ

____

____

DATA: _____ /_____ /_____

DIA DAS MÃES

NO BRASIL, O DIA DAS MÃES É COMEMORADO NO SEGUNDO DOMINGO DE MAIO.
RECORTE O CARTÃO NAS LINHAS TRACEJADAS E USE DIVERSOS ENFEITES PARA DECORÁ-LO.
DEPOIS, PRESENTEIE A MAMÃE OU OUTRA PESSOA DE QUEM VOCÊ GOSTE MUITO.

- - - - - - RECORTE
———— DOBRE

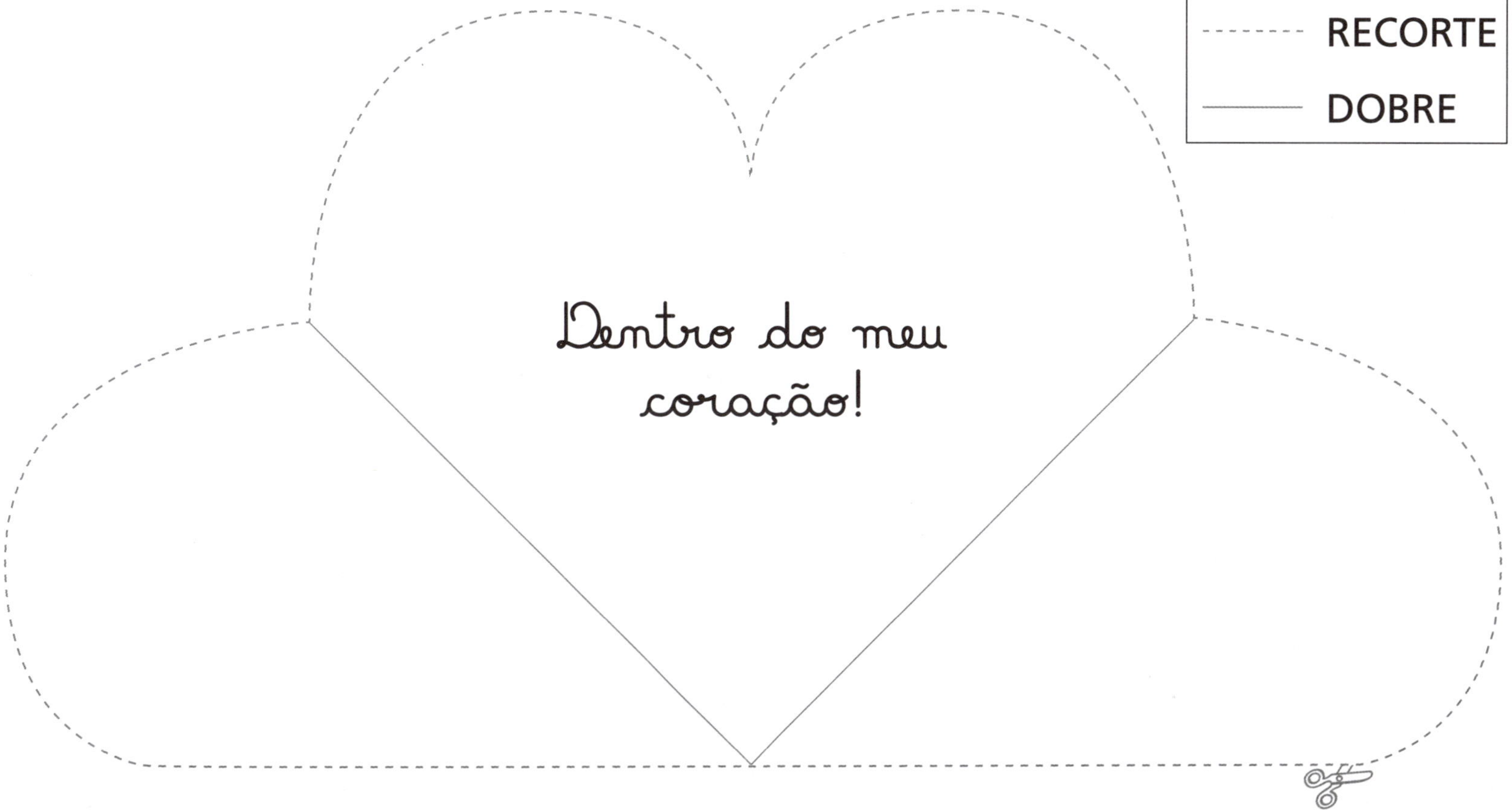

DEPOIS DE MONTAR O CARTÃO, ESCREVA NA LINHA O NOME DA PESSOA QUE VOCÊ VAI PRESENTEAR.

Você
mora

DATA: ____ /____ /____

DIA MUNDIAL DO MEIO AMBIENTE

EM 5 DE JUNHO COMEMORA-SE O DIA MUNDIAL DO MEIO AMBIENTE.
VOCÊ ACHA IMPORTANTE CUIDAR DO MEIO AMBIENTE?
PINTE AS LATAS E OS CARTAZES ABAIXO. DEPOIS, MOSTRE-OS AOS SEUS FAMILIARES.

Ilustrações: Ilustra Cartoon/Arquivo da editora

DATA: _____ /_____ /_____

AS CRIANÇAS DIVERTEM-SE BASTANTE DANÇANDO QUADRILHA!
PINTE A CENA A SEGUIR PARA DEIXÁ-LA BEM ALEGRE E COLORIDA.

Ilustra Cartoon/Arquivo da editora

DATA: _____ /_____ /_____

NO BRASIL, O DIA DOS PAIS É COMEMORADO NO SEGUNDO DOMINGO DE AGOSTO. FAÇA ABAIXO UMA CARINHA BEM BONITA QUE REPRESENTE SEU PAPAI OU OUTRA PESSOA DE QUEM VOCÊ GOSTE MUITO. DEPOIS, RECORTE E DECORE O CARTÃO PARA DÁ-LO DE PRESENTE A QUEM VOCÊ DESENHOU.

- - - - RECORTE

——— DOBRE

DEPOIS DE MONTAR O CARTÃO, ESCREVA NA LINHA O NOME DA PESSOA QUE VOCÊ VAI PRESENTEAR.

Saiba que eu te amo...

____

DATA: _____ /_____ /_____

DIA DO FOLCLORE

O DIA DO FOLCLORE É COMEMORADO NO DIA 22 DE AGOSTO.
PINTE A CENA A SEGUIR. DEPOIS, CONVERSE COM OS COLEGAS SOBRE OS PERSONAGENS DO FOLCLORE QUE VOCÊ JÁ CONHECE.

Ilustra Cartoon/Arquivo da editora

DATA: _____ /_____ /_____

DIA DA INDEPENDÊNCIA DO BRASIL

O DIA 7 DE SETEMBRO DE 1822 É UM DOS DIAS MAIS IMPORTANTES DA NOSSA HISTÓRIA.
TIAGO ESTÁ REPRESENTANDO UM PERSONAGEM QUE PERTENCE A ESSE MOMENTO HISTÓRICO. VOCÊ SABE QUEM É ESSE PERSONAGEM?
LEIA O TEXTO E TENTE DESCOBRIR. DEPOIS, PINTE A CENA.

HOJE, O BRASIL É UM PAÍS LIVRE.
ANTIGAMENTE, NÃO ERA ASSIM.
O BRASIL PERTENCIA A PORTUGAL.
É POR ISSO QUE O DIA 7 DE SETEMBRO É FERIADO NACIONAL.
NESSE DIA, COMEMORAMOS A INDEPENDÊNCIA DO BRASIL.

Ilustra Cartoon/Arquivo da editora

DATA: _____ /_____ /_____

DIA DAS CRIANÇAS

O DIA DAS CRIANÇAS É COMEMORADO EM 12 DE OUTUBRO.
O QUE VOCÊ GOSTARIA DE FAZER NESSE DIA? FAÇA UM DESENHO PARA MOSTRAR.

CRIANÇA É FELIZ
QUANDO PODE BRINCAR,
MAS NÃO PODE SE ESQUECER
DA HORA DE ESTUDAR.
SONHO DE CRIANÇA
É A FELICIDADE.
POR ISSO É MUITO BOM
TER A NOSSA IDADE.

Ilustra Cartoon/Arquivo da editora

DATA: _____ /_____ /_____

DIA DO PROFESSOR

O DIA 15 DE OUTUBRO É O DIA DO PROFESSOR!
DESENHE SEU PROFESSOR, MOSTRANDO COMO ELE FICA QUANDO VOCÊ:

O CUMPRIMENTA FELIZ.

DISCUTE COM UM COLEGA.

O ABRAÇA.

DATA: _____ /_____ /_____

DIA DA BANDEIRA

NO DIA 19 DE NOVEMBRO COMEMORA-SE O DIA DA BANDEIRA.
A BANDEIRA É UM DOS SÍMBOLOS DE NOSSO PAÍS. ELA PODE E DEVE SER EXIBIDA, SEMPRE COM RESPEITO.
PINTE A BANDEIRA NACIONAL COM AS CORES ADEQUADAS.

BANDEIRA TÃO LINDA!
BANDEIRA DO BRASIL!
É VERDE, AMARELA, BRANCA,
AZUL DE ENCANTOS MIL.

POESIA PELA CIDADANIA, DE ODETE RODRIGUES BARAÚNA. SÃO PAULO: SCIPIONE, 2010.

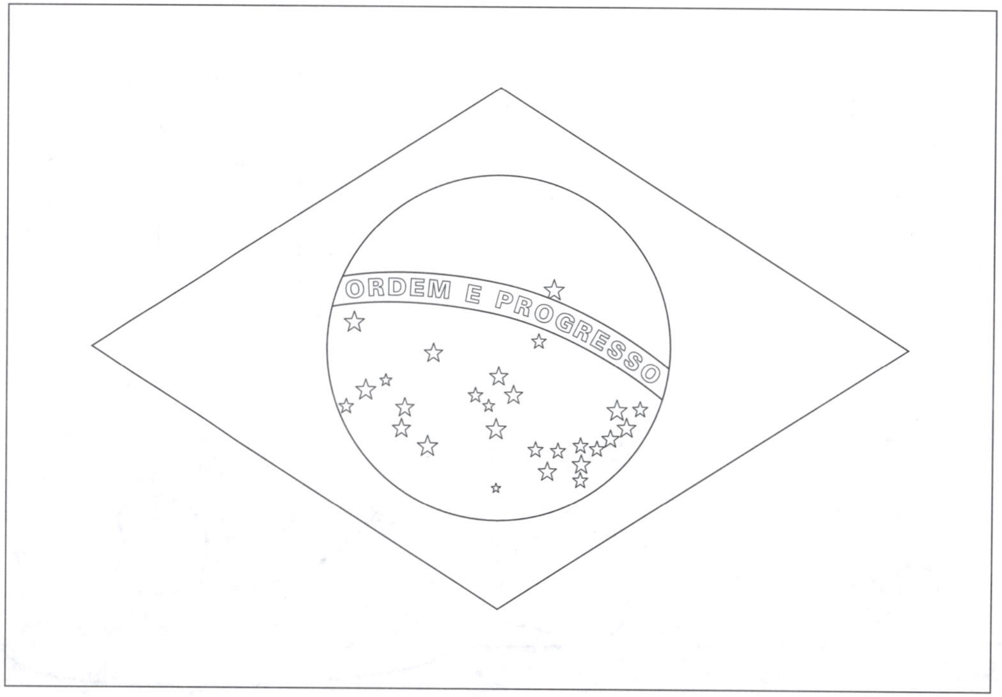

DATA: ____ /____ /____

O NATAL É UMA FESTA CRISTÃ EM QUE SE CELEBRA O NASCIMENTO DE JESUS.
ELE É COMEMORADO NO DIA 25 DE DEZEMBRO.
VAMOS DEIXAR ESTA IMAGEM DE NATAL BEM BONITA?
DECORE-A COMO VOCÊ PREFERIR.

Ilustra Cartoon/Arquivo da editora

DATA: _____ /_____ /_____

HORA DE BRINCAR

QUE TAL BRINCAR COM O JOGO DOS ANIMAIS?
DESTAQUE AS PEÇAS DA PÁGINA 9 DO **MATERIAL DE APOIO** E BOA DIVERSÃO.

Ilustra Cartoon/Arquivo da editora

DATA: _____ /_____ /_____

PLANTAS

AS CRIANÇAS ESTÃO CUIDANDO DAS PLANTAS NO JARDIM.
DESENHE MAIS PLANTAS E DEIXE O JARDIM BEM BONITO.

Ilustra Cartoon/Arquivo da editora

DATA: _____ /_____ /_____

DO QUE AS PLANTAS PRECISAM PARA VIVER? PARA DESCOBRIR, DESTAQUE AS PEÇAS DO QUEBRA-CABEÇA DA PÁGINA 11 DO **MATERIAL DE APOIO** E MONTE-O ABAIXO.

DATA: _____ /_____ /_____

PÉ DE FEIJÃO

ALGUMAS PLANTAS NASCEM DE SEMENTES. QUER VER COMO É? COM O PROFESSOR E OS COLEGAS, SIGA AS ETAPAS ABAIXO.

MATERIAL NECESSÁRIO:

- PRATO DESCARTÁVEL
- ALGODÃO
- GRÃOS DE FEIJÃO
- ÁGUA

COLOQUE UM CHUMAÇO DE ALGODÃO SOBRE O PRATO DESCARTÁVEL. ESPALHE ALGUNS GRÃOS DE FEIJÃO SOBRE ELE.

MOLHE DELICADAMENTE O ALGODÃO COM A ÁGUA.

COLOQUE O PRATO COM OS FEIJÕES EM UM LUGAR ONDE RECEBAM A LUZ DO SOL.

TODOS OS DIAS, MOLHE UM POUCO O ALGODÃO E VEJA O QUE ACONTECE COM OS FEIJÕES.

Fotos: Sérgio Dotta Jr./Arquivo da editora

DATA: _____ /_____ /_____

LIGUE CADA ETIQUETA À RESPECTIVA PARTE DA PLANTA.

CAULE

RAIZ

FOLHAS

FLOR

FRUTO

Ilustra Cartoon/Arquivo da editora

MEU LIMÃO, MEU LIMOEIRO,
MEU PÉ DE JACARANDÁ.
UMA VEZ, TINDOLELÊ,
OUTRA VEZ, TINDOLALÁ.

CANTIGA POPULAR

DATA: _____ /_____ /_____

VEJA QUANTA COISA DONA MARICOTA TROUXE DA FEIRA! PINTE OS ALIMENTOS QUE ELA COMPROU.

DONA MARICOTA
BOA COZINHEIRA,
VOLTOU COM A CESTA
CHEINHA DA FEIRA:
CENOURA, LARANJA,
PEPINO E LIMÃO
BANANA E MILHO
ERVILHA E MAMÃO.

A CESTA DE DONA MARICOTA, DE TATIANA BELINKY. SÃO PAULO: PAULINAS, 2008.

Ilustra Cartoon/Arquivo da editora

DATA: _____ /_____ /_____

VOCÊ SABE O QUE É UMA CESTA BEM CARREGADA? É UMA CESTA CHEIA DE COISAS. DESTAQUE OS ADESIVOS DO FINAL DO LIVRO E COLE-OS NA CESTA, DEIXANDO-A BEM CARREGADINHA.

Ilustra Cartoon/Arquivo da editora

DATA: _____ /_____ /_____

ÁGUA

QUANTA ÁGUA EXISTE EM NOSSO PLANETA TERRA!
VOCÊ JÁ VIU ALGUM LUGAR PARECIDO COM ESTES DAS FOTOS? CONTE AOS COLEGAS.

Eric Gevaert/Shutterstock/Glow Images

Delfim Martins/Pulsar Imagens

Fabio Colombini/Acervo do fotógrafo

ludo/Shutterstock/Glow Images

DATA: ____ /____ /____

VOCÊ JÁ PERCEBEU COMO A ÁGUA É IMPORTANTE PARA A VIDA?
OS SERES HUMANOS, OS OUTROS ANIMAIS E AS PLANTAS PRECISAM DE ÁGUA PARA VIVER.
DESTAQUE AS FIGURAS DA PÁGINA 13 DO **MATERIAL DE APOIO** E COLE-OS NAS CENAS CORRESPONDENTES.

DATA: _____ /_____ /_____

TEMPO

PINTE AS CENAS A SEGUIR, DEIXANDO-AS BEM BONITAS.

TODAS AS MANHÃS, ASSISTIMOS AO NASCER DE UM NOVO DIA!

QUANDO ESCURECE, PERCEBEMOS A CHEGADA DA NOITE.

Ilustrações: Ilustra Cartoon/Arquivo da editora

O QUE VOCÊ VÊ NO CÉU DURANTE O DIA? E À NOITE? CONVERSE COM OS COLEGAS SOBRE ISSO.

DATA: _____ /_____ /_____

OBSERVE O CÉU E FAÇA UM DESENHO PARA MOSTRAR COMO ESTÁ O TEMPO HOJE.

DATA: _____ /_____ /_____

LÁ VEM A CHUVA!
TRACE O CAMINHO QUE A MENINA DEVE FAZER PARA PEGAR O GUARDA-CHUVA.

Ilustra Cartoon/Arquivo da editora

DATA: _____ /_____ /_____

EDUCAÇÃO AMBIENTAL

CIRCULE AS EMBALAGENS NAS CORES DOS CESTOS DE COLETA SELETIVA ADEQUADOS.

Ruslan Semichev/Shutterstock/Glow Images

Feng Yu/Shutterstock/Glow Images

Odua Images/Shutterstock/Glow Images

Ivaschenko Roman/Shutterstock/Glow Images

Matee Nuserm/Shutterstock/Glow Images

O LUGAR DO LIXO
VAMOS ENCONTRAR.
O LIXO NO LIXO
VAMOS COLOCAR.

POESIA PELA CIDADANIA,
DE ODETE RODRIGUES BARAÚNA.
SÃO PAULO: SCIPIONE, 2010.

DATA: _____ /_____ /_____

HORA DA DESCOBERTA

QUALIDADE DO AR

VOCÊ SABE QUAL É A QUALIDADE DO AR QUE VOCÊ RESPIRA?

Ilustra Cartoon/Arquivo da editora

DATA: _____ /_____ /_____

MEDIDOR

MATERIAL NECESSÁRIO:

- CARTOLINA (COLORIDA E BRANCA)
- FITA ADESIVA
- CANETA

PEÇA A AJUDA DE UM ADULTO E RECORTE 5 RETÂNGULOS DE CARTOLINA COLORIDA. NUMERE-OS E FIXE-OS COM FITA ADESIVA SOBRE A CARTOLINA BRANCA, TAMBÉM NUMERADA.

DEIXE A CARTOLINA EXPOSTA AO AR LIVRE, PROTEGIDA DA CHUVA E DE VENTOS FORTES.

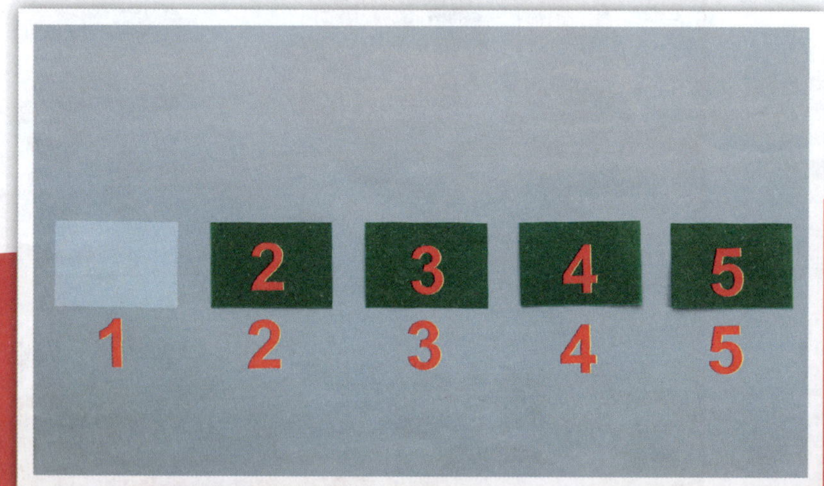

Fotos: Sérgio Dotta Jr./Arquivo da editora

DEPOIS DE UM DIA, RETIRE O QUADRADO NÚMERO 1. FAÇA ISSO TODOS OS DIAS, ATÉ CHEGAR AO QUADRADO DE NÚMERO 5.

O QUE VOCÊ DESCOBRIU?

DATA: _____ /_____ /_____

UNIDADE 3

CONVIVENDO A GENTE APRENDE

Juan Carlos Federico/Arquivo da editora

RODA DE CONVERSA

OBSERVE A CIDADE DE VITÓRIA, NO ESPÍRITO SANTO.

Renata Mello/Pulsar Imagens

ESTA CIDADE SE PARECE COM AQUELA EM QUE VOCÊ VIVE?
COMO SÃO AS CASAS, OS PRÉDIOS E AS RUAS DA SUA CIDADE?

DATA: _____ /_____ /_____

CASA

TERMINE O DESENHO DESTA CASA. DEPOIS PINTE DE .

MINHA CASINHA AMARELA,
VEJAM COMO ELA É BELA.
TEM TELHADO, PAREDES E JANELAS,
COMO ME SINTO BEM DENTRO DELA!

Ilustra Cartoon/Arquivo da editora

DESENHE ONDE VOCÊ MORA. DEPOIS PEÇA A AJUDA DE UM CONHECIDO PARA ESCREVER O NOME DA RUA E O NÚMERO DE SUA RESIDÊNCIA.

EM QUAL LUGAR DE SUA CASA VOCÊ MAIS GOSTA DE FICAR? DESENHE-O.

DATA: _____ /_____ /_____

VAMOS TERMINAR DE MOBILIAR OS CÔMODOS DA CASA?
DESTAQUE AS FIGURAS DA PÁGINA 15 DO **MATERIAL DE APOIO** E COLE-AS NOS RESPECTIVOS LUGARES.

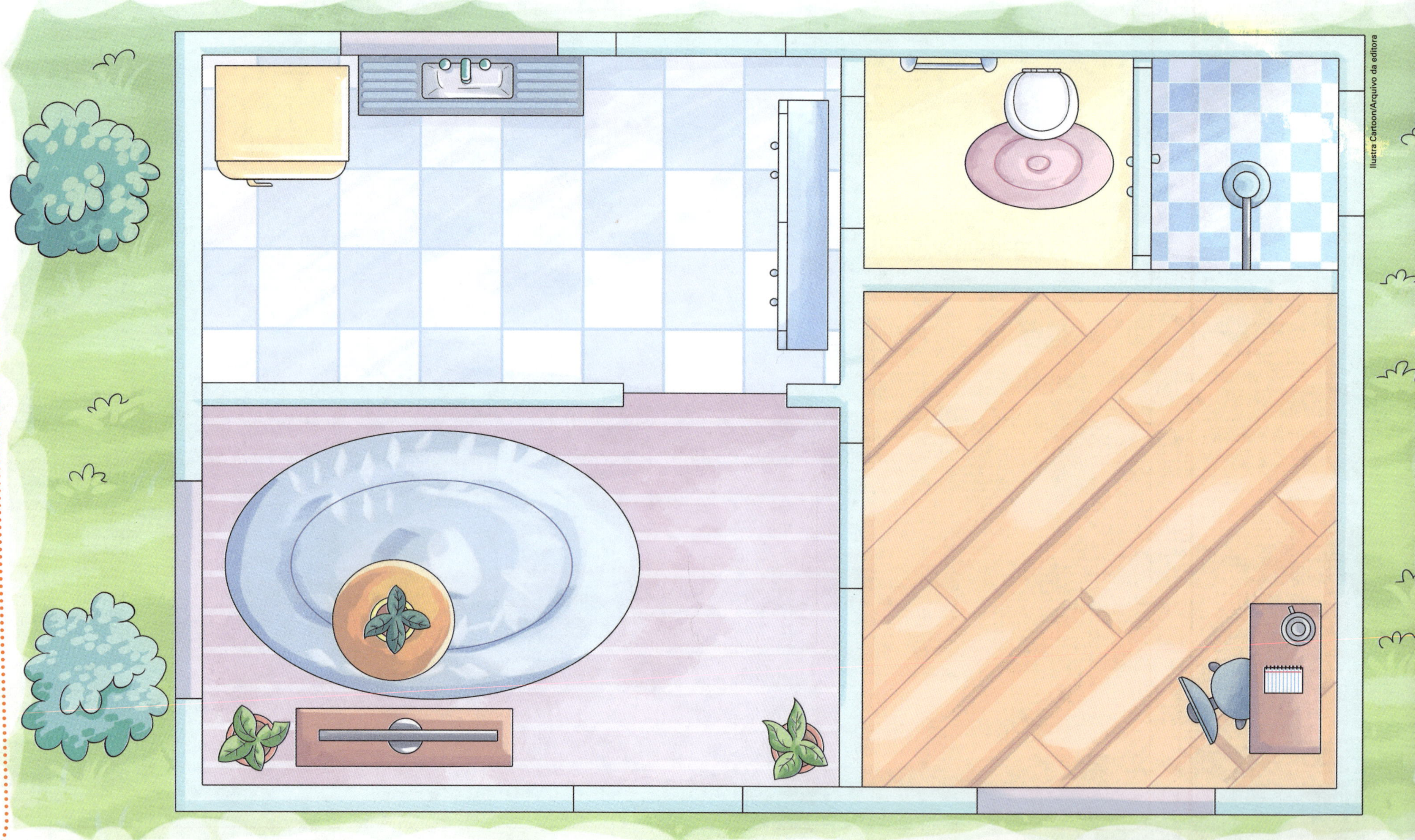

Ilustra Cartoon/Arquivo da editora

DATA: ____ /____ /____

FAZENDO ARTE

VAMOS FAZER UMA CAMA DE BONECA?

ESCOLHA UMA CAIXINHA QUE COMBINE COM O MOLDE DA CAMA.

PARA FAZER A COLCHA DE RETALHOS, RECORTE VÁRIOS QUADRADINHOS DO MESMO TAMANHO E DE CORES DIFERENTES.

COLE UM QUADRADINHO AO LADO DO OUTRO ATÉ COMPLETAR A COLCHA.

DESENHE A CABECEIRA E O PÉ DA CAMA EM UMA FOLHA DE PAPELÃO E RECORTE.

MONTE A CAMA.

PRONTO! AGORA VOCÊ TEM UMA LINDA CAMA DE BONECA PARA BRINCAR OU PRESENTEAR ALGUÉM.

Ilustrações: Ilustra Cartoon/Arquivo da editora

ATIVIDADE ELABORADA COM BASE EM: **FANTÁSTICA FÁBRICA DE BRINQUEDOS COM SUCATA,** DE HELIANA BRANDÃO. BELO HORIZONTE: O SOL, 2002.

DATA: _____ /_____ /_____

OBSERVE BEM ESTA OBRA DE ARTE E CONVERSE COM OS SEUS COLEGAS:
O QUE ESTAS PESSOAS ESTÃO FAZENDO? QUEM VOCÊ ACHA QUE ELAS SÃO?
EM QUE PARTE DA CASA ELAS ESTÃO? SE VOCÊ ESTIVESSE NO LOCAL, O QUE GOSTARIA DE FAZER?

Pinacoteca do Estado de São Paulo, SP.

CENA DE FAMÍLIA DE ADOLFO AUGUSTO PINTO, DE ALMEIDA JÚNIOR, 1891.

DATA: _____ /_____ /_____

RECORTE, DE REVISTAS, VÁRIOS TIPOS DE MORADIA E COLE-AS AQUI. DEPOIS MOSTRE-AS AOS COLEGAS.

DATA: _____ /_____ /_____

RUA

JULIANO MORA NESTA RUA. A CASA DELE FICA ENTRE A PADARIA E O PRÉDIO. PINTE A CASA DE JULIANO.

Ilustra Cartoon/Arquivo da editora

DATA: ____ /____ /____

A RUA É UM ESPAÇO PÚBLICO, OU SEJA, PODE SER USADA POR TODOS.
PINTE AS CENAS QUE MOSTRAM AS PESSOAS USANDO AS RUAS.

Ilustrações: Ilustra Cartoon/Arquivo da editora

DATA: _____ /_____ /_____

OBSERVE A ATITUDE DESTAS PESSOAS.

Ilustra Cartoon/Arquivo da editora

O QUE VOCÊ COSTUMA FAZER PARA MANTER LIMPAS AS RUAS POR ONDE PASSA?

DATA: _____ /_____ /_____

QUAIS AÇÕES VOCÊ ACHA QUE ESTÃO CORRETAS? MARQUE COM UM **X**.

Ilustrações: Ilustra Cartoon/Arquivo da editora

DATA: _____ /_____ /_____

ESCOLA

PARA ONDE AS CRIANÇAS ESTÃO INDO? ASSINALE COM UM **X**.

☐ PARA CASA. ☐ PARA A ESCOLA.

QUANDO CHEGO À ESCOLA,
CHEGO SEMPRE COM UM SORRISO.
DOU BOA TARDE OU BOM DIA,
TRATO TODOS COM CARINHO.

Ilustra Cartoon/Arquivo da editora

DATA: _____ /_____ /_____

FAÇA UM DESENHO SEU ENTRANDO NA ESCOLA.

DATA: ____ /____ /____

FAÇA UM **X** NA ESCOLA QUE MAIS SE PARECE COM A SUA.

Fabio Colombini/Acervo do fotógrafo

Rosa Gauditano/Studio R

Palê Zuppani/Pulsar Imagens

Marcelo Ximenez/Folhapress

DATA: ______ /______ /______

A PROFESSORA LEVOU A TURMA PARA CONHECER A ESCOLA.
FAÇA UM **X** NO QUE EXISTE TAMBÉM EM SUA ESCOLA.

PÁTIO

PARQUE

SALA DOS PROFESSORES

Ilustrações: Ilustra Cartoon/Arquivo da editora

SALA DE AULA

DIRETORIA

REFEITÓRIO

DATA: ______ /______ /______

DESENHE O SEU LUGAR PREFERIDO NA ESCOLA. DEPOIS PINTE E MOSTRE SEU DESENHO À TURMA. EXPLIQUE POR QUE VOCÊ GOSTA TANTO DESSE LUGAR.

VOU PARA A ESCOLA.
VOU DESENHAR,
BRINCAR COM TINTA
E COM OS AMIGOS CANTAR.

Ilustrações: Fernando Favoretto/Criar Imagem

DATA: ____ /____ /____

AS SALAS DE AULA SÃO MUITO DIFERENTES ENTRE SI.
CONFORME VOCÊ VAI CRESCENDO, ELAS VÃO SE MODIFICANDO.
OBSERVE AS FOTOS E MARQUE COM UM **X** A SALA DE AULA MAIS PARECIDA COM A SUA.

Sérgio Dotta Jr./Arquivo da editora

Cheryl Casey/Shutterstock/Imageplus

Dainis/Shutterstock/Imageplus

A SALA DE AULA É UM LUGAR DE FELICIDADE.
É UM LUGAR DE SONHAR.
BRINCANDO E CANTANDO,
NÓS VAMOS APRENDENDO
SOBRE AS COISAS IMPORTANTES DA VIDA,
PARA QUANDO O FUTURO CHEGAR.

DATA: _____ /_____ /_____

PINTE A SALA DE AULA, DEIXANDO-A BEM BONITA.

Ilustra Cartoon/Arquivo da editora

DATA: ____ /____ /____

É DIA DE FESTA NA ESCOLA!
CIRCULE AS CRIANÇAS QUE ESTÃO COLABORANDO PARA MANTER A ESCOLA LIMPA.
DEPOIS PINTE COMO QUISER.

Ilustra Cartoon/Arquivo da editora

DATA: _____ /_____ /_____

VOCÊ CONHECE AS PESSOAS QUE TRABALHAM EM SUA ESCOLA?
DESENHE-AS EM CADA QUADRO.

QUEM DÁ AULA PARA OS ALUNOS?

QUEM PREPARA A MERENDA?

QUEM FAZ A LIMPEZA?

QUEM TRABALHA NA SECRETARIA?

DATA: _____ /_____ /_____

PROFISSÕES

LIGUE CADA PROFISSIONAL AO QUE ELE PRODUZ COM SEU TRABALHO.

Ilustrações: Ilustra Cartoon/Arquivo da editora

QUAL É A PROFISSÃO

AGULHA É COSTUREIRA,
JOÃO-DE-BARRO É PEDREIRO,
LÁPIS, DESENHISTA.
ELEFANTE É BOMBEIRO,
PANELA É COZINHEIRA,
FIO DENTAL, DENTISTA.

QUAL É QUE É?, DE LALAU E LAURABEATRIZ. SÃO PAULO: CORTEZ, 2004.

DATA: _____ /_____ /_____

VOCÊ CONHECE ESTAS PROFISSÕES?
MARQUE COM UM **X** AS PROFISSÕES QUE VOCÊ CONHECE E CONTE AOS COLEGAS O QUE ESTAS PESSOAS FAZEM EM SEU TRABALHO.

Christian Bertrand/Shutterstock/Glow Images

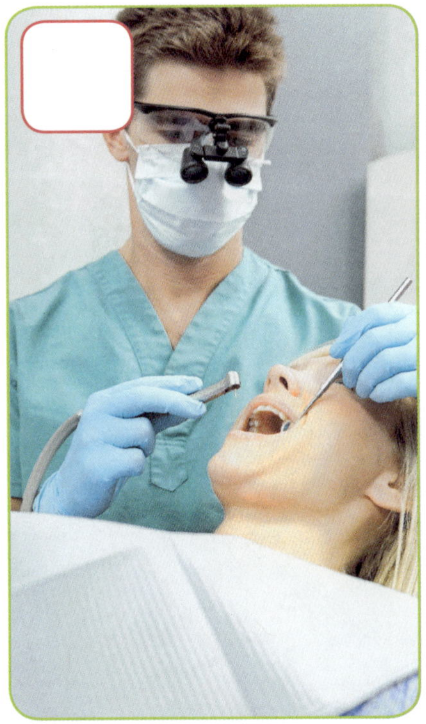

Tyler Olson/Shutterstock/Glow Images

Monkey Business Images/Shutterstock/Glow Images

bikeriderlondon/Shutterstock/Glow Images

QUAL PROFISSÃO VOCÊ GOSTARIA DE TER?
DESENHE NO ESPAÇO ABAIXO.

DATA: _____ /_____ /_____

HORA DA DESCOBERTA

CATA-VENTO

ALÉM DE SERVIR PARA DESENHAR E ESCREVER, O PAPEL TEM VÁRIAS OUTRAS UTILIDADES.

Ilustra Cartoon/Arquivo da editora

CATA-VENTO

VEJA COMO FAZER, COM A AJUDA DE UM ADULTO, UM CATA-VENTO DE PAPEL.

MATERIAL NECESSÁRIO:

- CARTOLINA
- TESOURA SEM PONTA
- COLA
- PALITO DE SORVETE

RECORTE UM QUADRADO EM UMA CARTOLINA E TRACE DUAS LINHAS LIGANDO AS PONTAS DO QUADRADO, COMO MOSTRA A FIGURA.

RECORTE A CARTOLINA SEGUINDO AS LINHAS. DEIXE SOMENTE UM ESPACINHO NO CENTRO DO QUADRADO.

COLE AS PONTAS DO QUADRADO NO ESPAÇO DEIXADO NO CENTRO. DEPOIS, USANDO UMA ESPONJA COMO APOIO, SEU PROFESSOR VAI FIXAR O CATA-VENTO EM UM PALITO DE SORVETE.

Fotos: Renata Martins/ Arquivo da editora

PRONTO! VOCÊ JÁ TEM UM CATA-VENTO FEITO COM PAPEL. COLOQUE-O AO AR LIVRE E VEJA PARA QUAL LADO O VENTO VAI GIRAR.

DATA: _____ /_____ /_____

UNIDADE 4

DIMINUINDO DISTÂNCIAS

Juan Carlos Federi/Arquivo da editora

RODA DE CONVERSA

VOCÊ JÁ ENVIOU OU RECEBEU UMA CORRESPONDÊNCIA?
COMO VOCÊ IMAGINA QUE AS CARTAS CHEGAM ATÉ NOSSA CASA?

Ilustrações: Ilustra Cartoon/Arquivo da editora

CONVERSE COM O PROFESSOR E OS COLEGAS.

DATA: ____ /____ /____

MEIOS DE TRANSPORTE

VOCÊ CONHECE ESTES MEIOS DE TRANSPORTE?
FAÇA UM **X** NAQUELES QUE VOCÊ JÁ UTILIZOU.

Senohrabek/Shutterstock/Glow Images

AVIÃO

NAN728/Shutterstock/Glow Images

NAVIO

greenland/Shutterstock/Glow Images

BICICLETA

Victoria Shapiro/Shutterstock/Glow Images

CARRO

cifotart/Shutterstock/Glow Images

METRÔ

KAMONRAT/Shutterstock/Glow Images

CAMINHÃO

Zurbagan/Shutterstock/Glow Images

TREM

Tupungato/Shutterstock/Glow Images

ÔNIBUS

Lledo/Shutterstock/Glow Images

BARCO

DATA: _____ /_____ /_____

PINTE A CENA A SEGUIR, DEIXANDO-A BEM BONITA.

TREM DOIDO

PI-U-Í
FAZ O TREM BEM-COMPORTADO.
PI-U-I-U-Í
FAZ O TREM EXAGERADO.
PIAUÍ
FAZ O TREM NO MEU ESTADO.
PERAÍ...
QUE ESSE TREM JÁ ESTÁ CANSADO.

POEMAS LAMBUZADOS, DE LEO CUNHA.
SÃO PAULO: SARAIVA, 1999.

Ilustra Cartoon/Arquivo da editora

QUE MEIO DE TRANSPORTE AS CRIANÇAS ESTÃO IMITANDO?
COM OS COLEGAS E O PROFESSOR, IMITE ESSE MEIO DE TRANSPORTE.

DATA: _____ /_____ /_____

FAZENDO ARTE

OBSERVE UMA OBRA DA PINTORA NATALIA GONCHAROVA.

Museu Russo, São Petersburgo, Rússia

O CICLISTA, DE NATALIA GONCHAROVA, 1911.

AGORA, EM UM PAPEL CARTONADO, FAÇA UM DESENHO COM TINTA DE UM MEIO DE TRANSPORTE. INSPIRE-SE NA OBRA DA ARTISTA RUSSA E FAÇA UM TRABALHO BEM BONITO!

DATA: _____ /_____ /_____

HORA DE BRINCAR

VAMOS BRINCAR DE PEDALAR?

Ilustra Cartoon/Arquivo da editora

VOCÊ SABIA QUE A BICICLETA É UM MEIO DE TRANSPORTE QUE PODE SER DIRIGIDO TANTO POR ADULTOS QUANTO POR CRIANÇAS?

DATA: _____ /_____ /_____

CIRCULE OS MEIOS DE TRANSPORTE NA CENA ABAIXO.

Ilustra Cartoon/Arquivo da editora

DATA: _____ /_____ /_____

POR ONDE CIRCULA CADA MEIO DE TRANSPORTE?
DESTAQUE OS ADESIVOS DO FINAL DO LIVRO E COLE-OS NOS LUGARES CORRESPONDENTES.

Ilustra Cartoon/Arquivo da editora

DATA: _____ /_____ /_____

RECORTE OS MEIOS DE TRANSPORTE DA PÁGINA 113 E COLE-OS NO QUADRO CORRESPONDENTE.

MEIOS DE TRANSPORTE TERRESTRE

MEIOS DE TRANSPORTE AÉREO

MEIOS DE TRANSPORTE AQUÁTICO

DATA: _____ /_____ /_____

RECORTE OS MEIOS DE TRANSPORTE ABAIXO E COLE-OS NOS QUADROS DA PÁGINA 111.

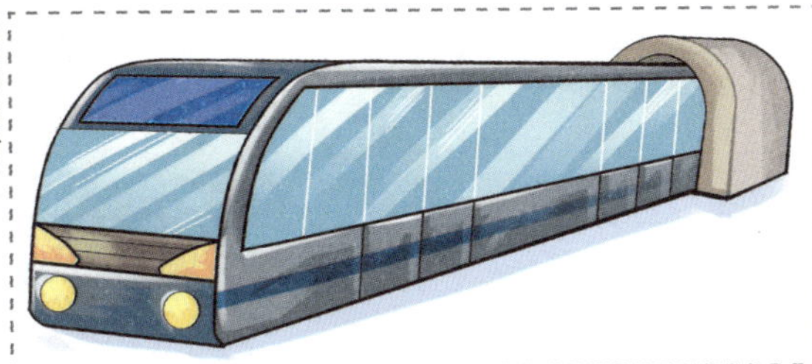

METRÔ

AVIÃO

CARRO

BICICLETA

CAMINHÃO

NAVIO

ÔNIBUS

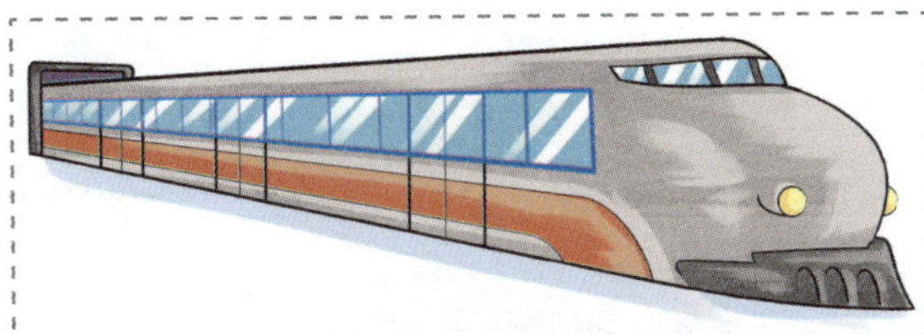

TREM

BARCO

DATA: _____ /_____ /_____

TRÂNSITO

É IMPORTANTE CONHECER AS PLACAS DE TRÂNSITO.
ELAS EXISTEM PARA ORGANIZAR A CIRCULAÇÃO DE MOTORISTAS E PEDESTRES.
VOCÊ JÁ VIU AS PLACAS DE TRÂNSITO ABAIXO? CIRCULE AQUELAS QUE VOCÊ CONHECE.

ÁREA ESCOLAR

CRIANÇAS

PASSAGEM DE PEDESTRES

PARADA OBRIGATÓRIA

PROIBIDO TRÂNSITO DE BICICLETAS

PROIBIDO TRÂNSITO DE PEDESTRES

AS CORES PODEM SIGNIFICAR MUITAS COISAS.
O QUE ELAS INDICAM NO SEMÁFORO? ESCREVA AO LADO DE CADA COR.

Ilustra Cartoon/Arquivo da editora

____

____

____

NAS RUAS, É PRECISO TOMAR MUITO CUIDADO! VOCÊ SABE SE COMPORTAR NO TRÂNSITO? PINTE CADA SEMÁFORO DE ACORDO COM O TEXTO.

SE EU VOU
ATRAVESSAR,
O SINAL VERDE
VOU ESPERAR.

SE O VERMELHO
EU VEJO LÁ,
NA CALÇADA
VOU FICAR!

Ilustrações: Ilustra Cartoon/Arquivo da editora

DATA: _____ /_____ /_____

O GUARDA DE TRÂNSITO É UM PROFISSIONAL QUE AJUDA A MANTER A ORDEM NO TRÂNSITO. PINTE A CENA QUE MOSTRA OS PEDESTRES ATRAVESSANDO A RUA CORRETAMENTE.

Ilustrações: Ilustra Cartoon/Arquivo da editora

FAÇA UM **X** NAS PESSOAS QUE TÊM ATITUDES INCORRETAS NO TRÂNSITO.

Ilustra Cartoon/Arquivo da editora

O TEMA É...

NÃO POLUIR!

FAÇA UM **X** NAS CENAS EM QUE AS PESSOAS ESTÃO COLABORANDO PARA NÃO POLUIR O MEIO AMBIENTE.

Ilustrações: Ilustra Cartoon/Arquivo da editora

DATA: _____ /_____ /_____

ASSINALE A ATITUDE MAIS ADEQUADA NA HORA DE:

PASSEAR

DESCARTAR BRINQUEDOS

Ilustrações: Ilustra Cartoon/Arquivo da editora

DATA: _____ /_____ /_____

MEIOS DE COMUNICAÇÃO

O QUE AS CRIANÇAS ESTÃO FAZENDO?

Ilustra Cartoon/Arquivo da editora

DATA: _____ /_____ /_____

TODO MUNDO SE COMUNICA O TEMPO TODO, NÃO É MESMO?
MARQUE COM UM **X** OS MEIOS DE COMUNICAÇÃO QUE PODEM SER LIDOS E CIRCULE OS MEIOS DE COMUNICAÇÃO QUE EMITEM SONS.

Renata Martins/Arquivo da editora

Aigars Reinholds/Shutterstock/Glow Images

OZaiachin/Shutterstock/Glow Images

Madarakis/Shutterstock/Glow Images

Sergey Rusakov/Shutterstock/Glow Images

Hely Demutti/Arquivo da editora

DATA: _____ /_____ /_____

LIGUE CADA CRIANÇA AO MEIO DE COMUNICAÇÃO QUE ELA VAI UTILIZAR.

MAURO GANHOU UM GATINHO E QUER CONTAR LOGO A NOVIDADE A UMA AMIGA.

PEDRO, O MAIS ALTO DA TURMA, GOSTA DE OUVIR MÚSICA.

JÚLIA TEM UMA PRIMA QUE MORA LONGE E NÃO TEM TELEFONE, MAS ELAS NÃO DEIXAM DE SE COMUNICAR.

ANA GOSTA DE LER HISTÓRIAS.

Ilustrações: Ilustra Cartoon/ Arquivo da editora

DATA: _____ /_____ /_____

RECORTE AS PEÇAS DO QUEBRA-CABEÇA DA PÁGINA 127 E COLE-AS ABAIXO. DESCUBRA QUAIS SÃO OS MEIOS DE COMUNICAÇÃO MAIS UTILIZADOS POR CAMILA.

DATA: _____ /_____ /_____

RECORTE AS PEÇAS DO QUEBRA-CABEÇA ABAIXO E COLE-AS NO QUADRO DA PÁGINA 125.

Ilustra Cartoon/Arquivo da editora

DATA: _____ /_____ /_____

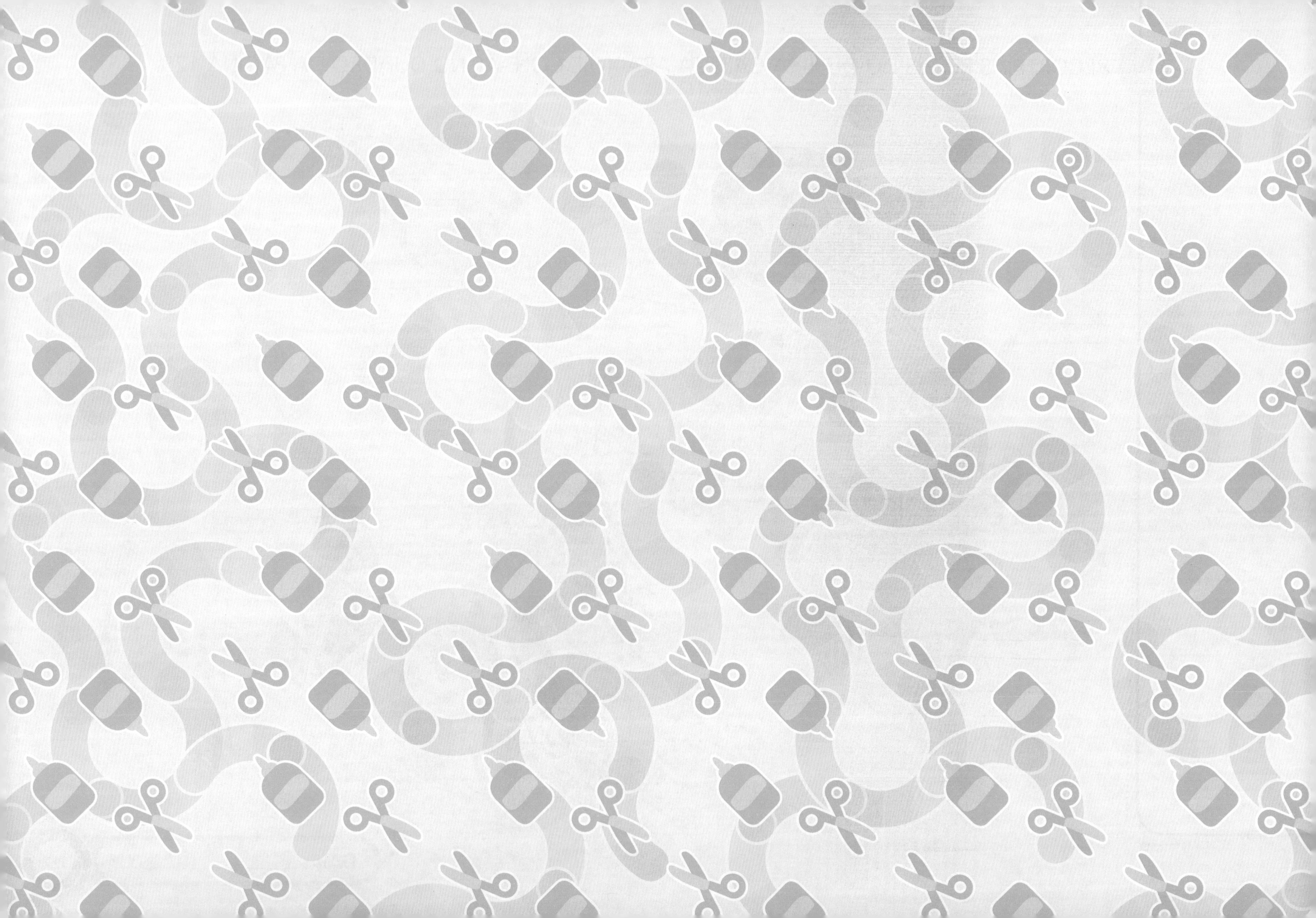

QUAL É O MEIO DE COMUNICAÇÃO QUE VOCÊ MAIS USA?
FAÇA UM DESENHO E CONTE UMA HISTÓRIA SOBRE ELE.

DATA: _____ /_____ /_____

NOS JORNAIS E REVISTAS ENCONTRAMOS VÁRIOS TIPOS DE INFORMAÇÃO, COMO NOTÍCIAS, ENTREVISTAS E ANÚNCIOS. RECORTE E COLE:

O NOME DE UM JORNAL DE SEU MUNICÍPIO

O NOME DE UMA REVISTA INFANTIL QUE VOCÊ CONHECE

DATA: ____ /____ /____

HORA DA DESCOBERTA

PEIXE DE PAPEL

VOCÊ JÁ VIU UM PEIXE DE PAPEL NADAR?

Ilustra Cartoon/Arquivo da editora

DATA: _____ /_____ /_____

PEIXE DE PAPEL

DESTAQUE O PEIXE DA PÁGINA 13 DO **MATERIAL DE APOIO** E SIGA AS INSTRUÇÕES ABAIXO.

MATERIAL NECESSÁRIO:

- ÁGUA
- DETERGENTE OU ÓLEO
- UMA TRAVESSA OU BACIA

Fotos: Renata Martins/Arquivo da editora

ENCHA A TRAVESSA OU BACIA COM ÁGUA.

COLOQUE O PEIXE DESTACADO SOBRE A ÁGUA. ELE DEVE FICAR BOIANDO.

PEÇA A UM ADULTO QUE PINGUE CUIDADOSAMENTE UMA GOTA DE DETERGENTE OU ÓLEO NO FURO CENTRAL DO PEIXE. PRONTO! EM POUCOS SEGUNDOS O SEU PEIXE COMEÇARÁ A NADAR.

DATA: ____ /____ /____

SUGESTÕES PARA O ALUNO

LIVROS

Reprodução/Editora Scipione

A ÚLTIMA ÁRVORE DO MUNDO, DE LALAU E LAURABEATRIZ. SÃO PAULO: SCIPIONE, 2010.

UM DIA, UMA ÁRVORE SE VÊ SOZINHA NO MUNDO. MAS NEM POR ISSO DEIXA DE SEGUIR EM FRENTE COM SUA VIDA. ELA CONTINUA A DAR FRUTOS, FLORES E ABRIGO A TODOS OS QUE VIVEM À SUA VOLTA.

Reprodução/Editora Scipione

JOÃO E O PÉ DE FEIJÃO, DOS IRMÃOS GRIMM. SÃO PAULO: SCIPIONE, 2009.

POR ESTAR PASSANDO NECESSIDADE, A MÃE DE JOÃO PEDE QUE ELE VENDA O ÚNICO BEM QUE LHES RESTA: UMA VACA. MAS, EM VEZ DE MOEDAS DE OURO, JOÃO LEVA PARA CASA SEMENTES DE FEIJÃO. O QUE ELE NÃO SABE É QUE ESSES FEIJÕES VÃO ACABAR MUDANDO COMPLETAMENTE A VIDA DELES.

Reprodução/Editora Escala Educacional

NÃO TEM DOIS IGUAIS, DE CARMEN LUCIA CAMPOS. SÃO PAULO: ESCALA EDUCACIONAL, 2006.

CAROL TEM UMA PROFESSORA MUITO LEGAL. UM DIA, CONVERSANDO COM A TURMA, ELA FEZ TODO MUNDO PERCEBER QUE CADA UM É DE UM JEITO. AS CRIANÇAS APRENDERAM QUE SER DIFERENTE TAMBÉM É MUITO LEGAL.

Reprodução/Editora Cosac Naify

O METRÔ VEM CORRENDO..., DE DONG-JUN SHIN. SÃO PAULO: COSAC NAIFY, 2010.

ESTE LIVRO É SOBRE UMA ALEGRE E SURPREENDENTE VIAGEM POÉTICA ATRAVÉS DA MALHA VIÁRIA DE SEUL, CAPITAL DA COREIA DO SUL, COM SEUS TRENS, ESTAÇÕES, PESSOAS APRESSADAS E BILHETES DESLIZANDO NAS CATRACAS.

Reprodução/Editora Martins Fontes

O QUE É UMA CRIANÇA?, DE BEATRICE ALEMAGNA. SÃO PAULO: WMF MARTINS FONTES, 2010.

TODO MUNDO SABE O QUE É UMA CRIANÇA? AS CRIANÇAS TÊM MÃOS PEQUENAS, PÉS PEQUENOS, OLHOS PEQUENOS... MAS ISSO NÃO QUER DIZER QUE ELAS PENSEM PEQUENO.
ESTE LIVRO TRATA DE COISAS ÓBVIAS, QUE MUITAS VEZES PASSAM DESPERCEBIDAS.

Reprodução/Editora DCL

O TRÂNSITO NO MUNDINHO, DE INGRID BIESEMEYER BELLINGHAUSEN. SÃO PAULO: DCL, 2006.

OS HOMENZINHOS DO MUNDINHO PRECISAVAM CRIAR SUAS LEIS DE TRÂNSITO. SÓ ASSIM ELES PODERIAM CIRCULAR PARA LÁ E PARA CÁ COM SEGURANÇA, SENDO CIDADÃOS RESPONSÁVEIS E CUIDADOSOS.

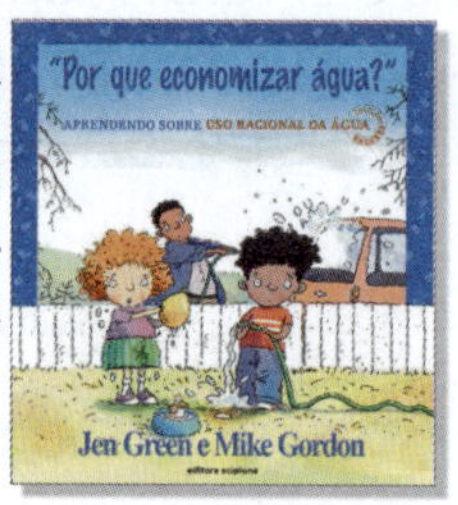

Reprodução/Editora Scipione

POR QUE ECONOMIZAR ÁGUA?, DE JEN GREEN E MIKE GORDON. SÃO PAULO: SCIPIONE, 2004.

O LIVRO ENSINA A IMPORTÂNCIA DE USAR A ÁGUA COM INTELIGÊNCIA, EVITANDO O DESPERDÍCIO E PRESERVANDO A NATUREZA.

Reprodução/Editora Ática

SAI SUJEIRA!, DE BRITA GRANSTRÖM E MICK MANNING. SÃO PAULO: ÁTICA, 2009.

TEM VEZES QUE DÁ UMA PREGUIÇA DE IR TOMAR BANHO! AINDA MAIS DEPOIS DE BRINCAR, CORRER E PULAR DE MONTÃO. MAS É MUITO IMPORTANTE ESCOVAR OS DENTES, PENTEAR O CABELO, SE ARRUMAR... NESTE LIVRO, VOCÊ DESCOBRIRÁ POR QUÊ.

Ilustrações: Juan Carlos Federico/Arquivo da editora

CD

Reprodução/MCD

CANTIGAS DE RODA. PALAVRA CANTADA. BRASIL: MCD, 1996.

ESTE É UM DISCO BEM-HUMORADO, QUE REVISITA CANTIGAS E PARLENDAS INFANTIS TRADICIONAIS, COM UM TOQUE BASTANTE CONTEMPORÂNEO E PARTICULAR.

DVDs

Reprodução/Paramount

BEBÊ MAIS NATUREZA. BRASIL: PARAMOUNT, 2006.

ESTE DVD APRESENTA ELEMENTOS COMO AS FRUTAS, AS PLANTAS, O MEIO AMBIENTE, OS ANIMAIS E OS FENÔMENOS DA NATUREZA. TUDO ISSO UTILIZANDO-SE DE GRANDES CLÁSSICOS, COMO CHOPIN, BRAHMS E MOZART, E DE CANTIGAS POPULARES BRASILEIRAS RELACIONADAS AO TEMA.

Reprodução/MCD

DESCOBRINDO O MEU CORPO. ARGENTINA: MCD, 2013.

O DVD APRESENTA ÀS CRIANÇAS AS PARTES DO CORPO E COMO CUIDAR DELAS, ALÉM DE ABORDAR A IMPORTÂNCIA DOS HÁBITOS DE HIGIENE, ESCOVAR OS DENTES, LAVAR AS MÃOS, ESTIMULANDO A CURIOSIDADE E INTERESSE EM SE COMUNICAR.

SITES@

<HTTP://SENNA.GLOBO.COM/SENNINHA>

<HTTP://TURMADAMONICA.UOL.COM.BR>

<HTTP://DISNEY.COM.BR>

<HTTP://CMAIS.COM.BR/MAISCRIANCA>

@ ACESSO EM: 20 FEV. 2015.

Ilustrações: Juan Carlos Federico/Arquivo da editora

BIBLIOGRAFIA

ADAMS, M. J. et al. *Consciência fonológica em crianças pequenas.* Porto Alegre: Artmed, 2006.

ALMEIDA, Rosangela Doin de. *Espaço e tempo na Educação Infantil.* São Paulo: Contexto, 2014.

AYRES, Sonia Nunes. *Educação Infantil*: teorias e práticas para uma proposta pedagógica. Petrópolis: Vozes, 2012.

BRASIL. Ministério da Educação. Secretaria de Educação Fundamental. *Referencial Curricular Nacional para a Educação Infantil.* Brasília, 1998. 3 v.

BRITO, T. A. *Música na Educação Infantil.* São Paulo: Peirópolis, 2003.

CHATEAU, J. *O jogo e a criança.* São Paulo: Summus, 1987.

COLL, C.; MARTIN, E. et al. *Aprender conteúdos e desenvolver capacidades.* Tradução de Cláudia Schilling. Porto Alegre: Artmed, 2004.

CÓRIA-SABINI, Maria Aparecida. *Jogos e brincadeiras na Educação Infantil.* Campinas: Papirus, 2012.

DANTE, L. *Didática da Matemática na pré-escola.* São Paulo: Ática, 1996.

DEVRIES, R. *O currículo construtivista na Educação Infantil*: práticas e atividades. Porto Alegre: Artmed, 2003.

FABER, A.; MAZLISH, E. *Como falar para o aluno aprender.* São Paulo: Summus, 2005.

FERREIRA, S. *Imaginação e linguagem no desenho da criança.* Campinas: Papirus, 1998.

FERREIRO, E. *Reflexões sobre alfabetização.* São Paulo: Cortez, 2001.

FRIEDMANN, A. *A arte de brincar*: brincadeiras e jogos tradicionais. Petrópolis: Vozes, 2004.

________. *Brincar*: crescer e aprender; o resgate do jogo infantil. São Paulo: Moderna, 1998.

GARDNER, H. *A criança pré-escolar*: como pensa e como a escola pode ensiná-la. Tradução de C. A. N. Soares. Porto Alegre: Artmed, 1994.

GOBBI, Maria Aparecida; PINAZZA, Mônica Appezzato (Org.). *Infância e suas linguagens.* São Paulo: Cortez, 2014.

HOFFMAN, J. *Avaliação na pré-escola*: um olhar sensível e reflexivo sobre a criança. Porto Alegre: Mediação, 1999.

JEANDOT, N. *Explorando o universo da música.* São Paulo: Scipione, 1990.

JESUS, A. C. A. de. *Como aplicar jogos e brincadeiras na Educação Infantil.* Rio de Janeiro: Brasport, 2010.

JUNQUEIRA FILHO, G. *Linguagens geradoras*: seleção e articulação de conteúdos em Educação Infantil. Porto Alegre: Mediação, 2005.

KAMII, C.; JOSEPH, L. L. *Crianças pequenas continuam reinventando a Aritmética*: implicações da teoria de Piaget. Porto Alegre: Artmed, 2005.

KANAN, Fabiana. *Brincar*: aprendizagem para a vida. Tradução de Avril Brock. Porto Alegre: Penso, 2011.

KRAEMER, M. L. *Quando brincar é aprender.* São Paulo: Loyola, 2007.

LE BOULCH, J. *Educação psicomotora*: a psicocinética na idade escolar. Tradução de Jeni Wolff. Porto Alegre: Artmed, 1987.

LUCKESI, C. C. *Avaliação da aprendizagem escolar.* São Paulo: Cortez, 2003.

MACEDO, L.; PETTY, A. L. S.; PASSOS, N. C. *Aprender com jogos e situações-problema.* Porto Alegre: Artmed, 2000.

MACHADO, M. *O brinquedo-sucata e a criança*: a importância do brincar: atividade e materiais. São Paulo: Loyola, 1995.

MAIA, J. *Literatura na formação de leitores e professores.* São Paulo: Paulinas, 2007. (Literatura & Ensino).

MELLO, Ana Maria (Org.). *O dia a dia das creches e pré-escolas*: crônicas brasileiras. Porto Alegre: Artmed, 2010.

MERCEDES, Carvalho; BAIRRAL, Marcelo Almeida (Org.). *Matemática na Educação Infantil*: investigação e possibilidades de práticas pedagógicas. Petrópolis: Vozes, 2012.

MIRANDA, N. *200 jogos infantis.* Belo Horizonte: Itatiaia, 2002.

MORAS, I. *Fantoches, bonecos articulados e cia. de papel e cartolina.* São Paulo: Paulinas, 1998.

MOYLES, J. R. et al. *A excelência do brincar.* Tradução de Maria Adriana Veronese. Porto Alegre: Artmed, 2006.

NISTA-PICCOLO, Vilma Leni. *Corpo em movimento na Educação Infantil.* São Paulo: Cortez, 2012.

NUNES, T.; BRYANT, P. *Crianças fazendo Matemática.* Porto Alegre: Artes Médicas, 1997.

OSTETTO, Luciana Esmeralda (Org.). *Encontros e encantamentos na Educação Infantil.* Campinas: Papirus, 2012.

PANIAGUA, G.; PALACIOS, J. *Educação Infantil*: resposta educativa à diversidade. Tradução de Fátima Murad. Porto Alegre: Artmed, 2007.

REAME, Eliane et al. *Matemática no dia a dia da Educação Infantil*: rodas, cantos, brincadeiras e histórias. São Paulo: Saraiva, 2013.

SANTOS, J. G. W.; ALVES, J. M. *O jogo de dominó com contexto interativo para construção de conhecimentos pré-escolares.* Porto Alegre: Scielo, 2000.

SANTOS, S. M. P. dos (Org.). *Brinquedoteca*: o lúdico em diferentes contextos. São Paulo: Vozes, 1997.

SCHILLER, P.; ROSSANO, J. *Ensinar e aprender brincando.* Porto Alegre: Artmed, 2007.

SMOLE, K. S. *A Matemática na Educação Infantil*: a teoria das inteligências múltiplas na prática escolar. Porto Alegre: Artmed, 2000.

SMOLE, K. S.; DINIZ, M. L.; CÂNDIDO, P. *Figuras e formas.* Porto Alegre: Artmed, 2003. v. 3. (Matemática de 0 a 6).

________. *Brincadeiras infantis nas aulas de Matemática.* Porto Alegre: Artmed, 2000. (Matemática de 0 a 6).

________. *Construção da inteligência pela criança.* São Paulo: Scipione, 2002.

WARNER, P. *Aprender brincando.* Tradução de Dinah Abres Azevedo. São Paulo: Ground, 2005.

ZORZI, J. L. *Aprender a escrever*: a apropriação do sistema ortográfico. Porto Alegre: Artmed, 1998.

MATERIAL DE APOIO

FIGURAS PARA A ATIVIDADE DA **PÁGINA 10**.

FIGURAS PARA A ATIVIDADE DA **PÁGINA 50**.

Fabio Colombini/Acervo do fotógrafo

MACACO-PREGO

Fabio Colombini/Acervo do fotógrafo

TATU-CANASTRA

Alina G/Shutterstock/Glow Images

PAPAGAIO

Fabio Colombini/Acervo do fotógrafo

JACARÉ

FIGURAS PARA A ATIVIDADE DA **PÁGINA 52**.

Fabio Colombini/Acervo do fotógrafo

JOÃO-DE-BARRO

Moize Nicolas/Shutterstock/Glow Images

BALEIA

Beata Aldridge/Shutterstock/Glow Images

LOBO-GUARÁ

Jay Ondreicka/Shutterstock/Glow Images

COBRA

Fabio Colombini/Acervo do fotógrafo

MICO-LEÃO-DOURADO

alexandro900/Shutterstock/Glow Images

GOLFINHO

D. Kucharski K. Kucharska/Shutterstock/Glow Images

MINHOCA

Giedriius/Shutterstock/Glow Images

CORUJA

FIGURAS PARA A ATIVIDADE DA **PÁGINA 54**.

Ilustra Cartoon/Arquivo da editora

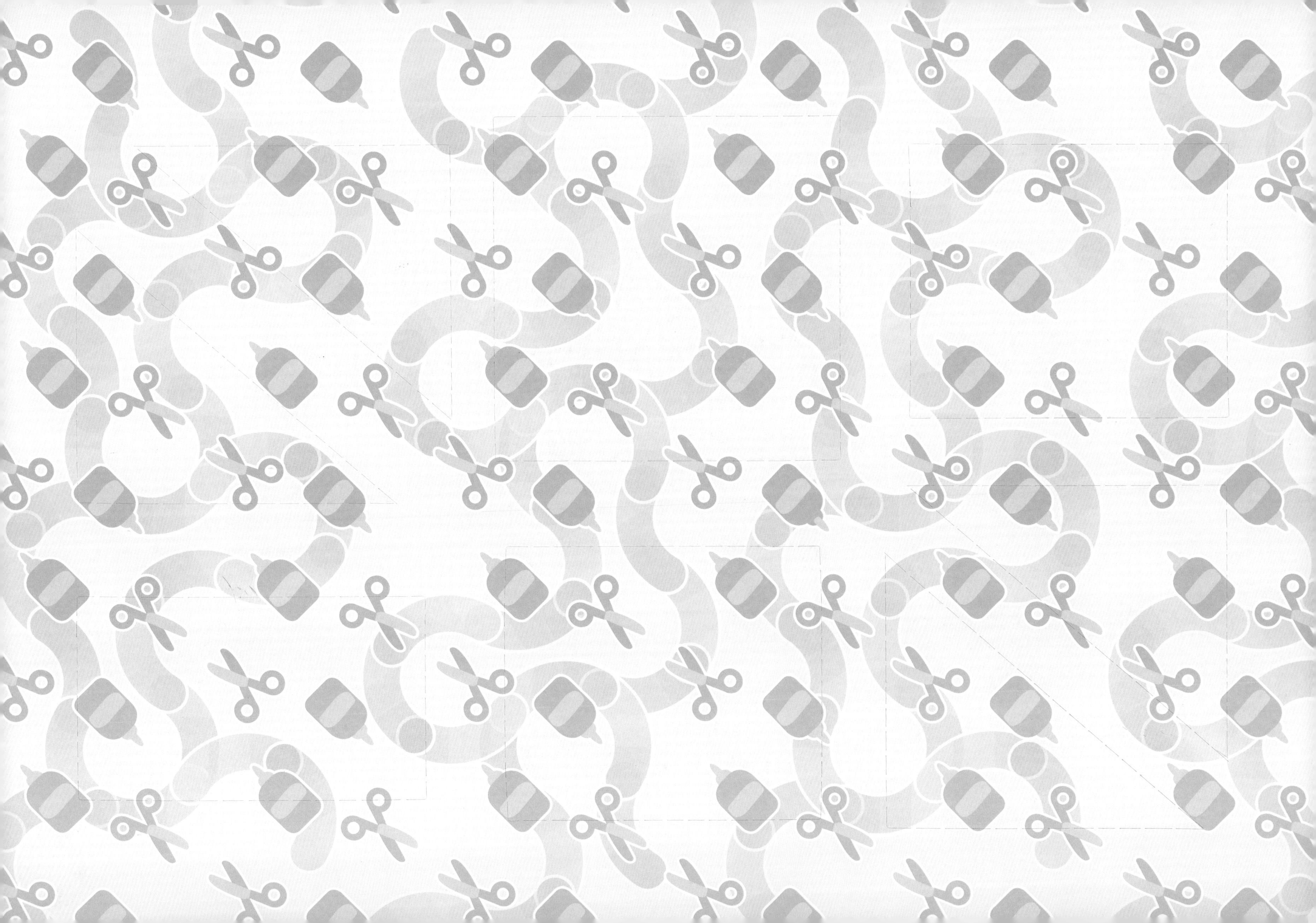

FIGURAS PARA A ATIVIDADE DA **PÁGINA 59**.

IMITE O LATIDO DE
UM CACHORRO.

PULE COMO UM CANGURU.

IMITE O MIADO DE
UM GATO.

FAÇA RUGIDOS COMO
UM LEÃO.

Ilustrações: Ilustra Cartoon/Arquivo da editora

PULE COMO UM SAPO.

FAÇA A TROMBA DE UM
ELEFANTE COM O BRAÇO.

IMITE O VOO DE
UM PÁSSARO.

FAÇA *MUUUUU*...
COMO UMA VACA.

VIRE UMA BOLA COMO
UM TATU-BOLA.

RASTEJE COMO
UMA COBRA.

ANDE DEVAGAR COMO
UM JABUTI.

IMITE UM MACACO
SE COÇANDO.

FIGURAS PARA A ATIVIDADE DA **PÁGINA 61**.

Ilustra Cartoon/Arquivo da editora

FIGURAS PARA A ATIVIDADE DA **PÁGINA 67**.

Ilustrações: Ilustra Cartoon/Arquivo da editora

FIGURA PARA A ATIVIDADE DA **PÁGINA 132**.

FIGURAS PARA A ATIVIDADE DA **PÁGINA 80**.

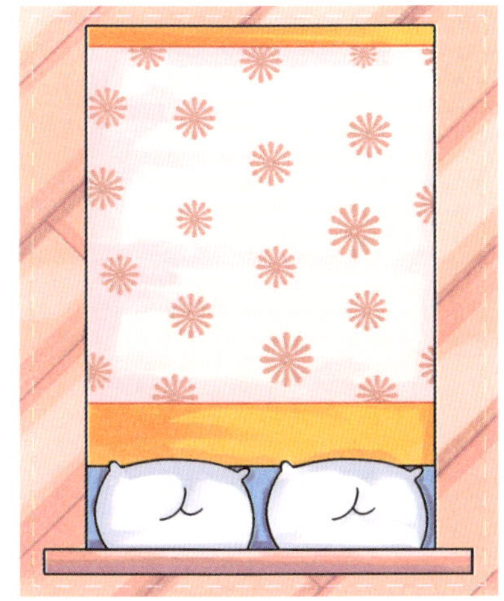

Ilustrações: Ilustra Cartoon/Arquivo da editora

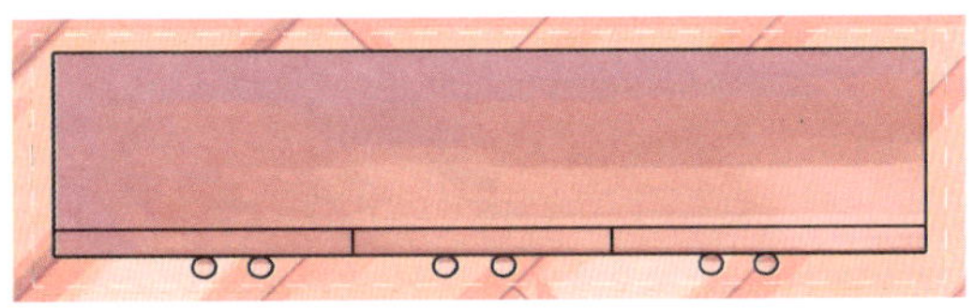

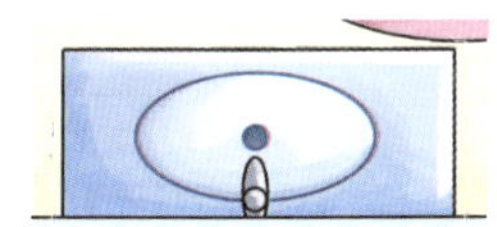

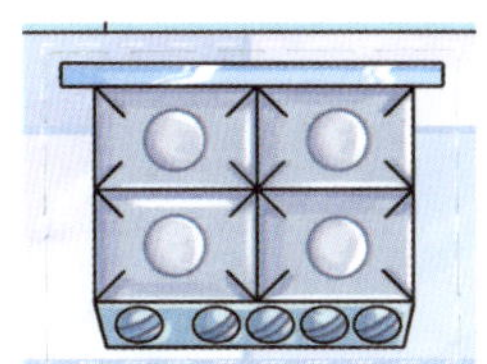

ADESIVOS PARA A ATIVIDADE DA **PÁGINA 48**.

ADESIVOS PARA A ATIVIDADE DA **PÁGINA 110**.

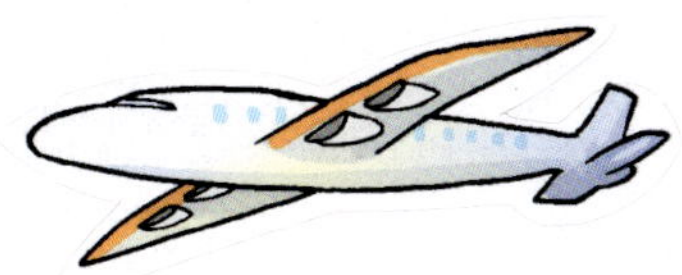

Ilustrações: Ilustra Cartoon/Arquivo da editora

ADESIVOS PARA A ATIVIDADE DA **PÁGINA 65**.

Ilustrações: Ilustra Cartoon/Arquivo da editora